ÉMILE DE GIRARDIN

ET

LE DIX-NEUVIÈME SIÈCLE

ÉMILE DE GIRARDIN

ET

LE DIX-NEUVIÈME SIÈCLE

PAR

M. DE BONNAL

Ex-rédacteur de *La Presse*.

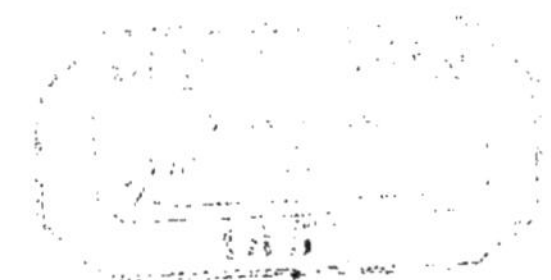

PARIS

CHEZ TOUS LES LIBRAIRES

1872

Sous ce titre : *Du Droit de Punir*, M. de Girardin vient d'écrire un beau livre; le plus rationnel, dans sa brillante excentricité relative; le plus hardi du siècle; le plus audacieusement téméraire même, en apparence; le plus scientifiquement usuel, toutefois, que nous ayons jamais lu et médité.

Voici, sans autre préambule, la base de cette étonnante production. L'illustre publiciste dit :

« La liberté est une comme la vérité. Elles sont l'une et l'autre indivisibles. Or, si la liberté de penser implique la liberté de dire, la liberté de dire implique la liberté de faire. »

L'ouvrage qui développe ce triple principe : penser, dire, faire; faire en toute liberté, avec exemption de peines corporelles, ce qui entraîne la suppression de l'échafaud, des prisons, des bagnes, de la déportation, ainsi que l'inutilité d'un personnel de mise en œuvre, n'est ni d'un enfant, ni d'un utopiste, ni d'un exalté. Il est moins encore d'un ignorant ou d'un homme sans expérience de l'histoire des sociétés politiques : cet ouvrage est l'œuvre d'un penseur profond et d'un logicien inexorable.

Oui, cette œuvre est d'un novateur pratique et de sang-froid, pratique jusqu'à la vulgarité, dans la hauteur vertigineuse de ses vues humanitaires et sur l'ensemble et sur le détail des choses. Rien ne le trouble, dans sa fougueuse sérénité, quand, les mathématiques en main, avec la raison individuelle pour guide, et en dehors de toute foi morale pour les masses, il réorganise de fond en comble l'ordre social, sans tenir compte des passions, de leurs élans, de leurs défaillances; des crises de l'esprit et de ses révolutions; des sentiments prophétiques du cœur et de leurs irrésistibles aspirations vers un inconnu, qui toujours les subjugue et les attire sans cesse.

Il est sans souci d'un matérialisme universel, matérialisme religieux du reste aussi bien que philosophique, menaçant de tout engloutir aujourd'hui, le monde politique, le monde civil, le monde entier des divers intérêts sociaux, dans le désordre savamment raisonné qu'enfante la négation d'une croyance, chez le matérialiste de bonne foi, qui n'est par suite ni un poltron, ni un esprit inconséquent.

Ceux qui, par la science, se sont démontré comme nous Dieu, l'âme, une autre vie et qui croient, sans la moindre hésitation, à ces impérissables données de tous les siècles; qui pensent dès lors que l'homme, sans foi, n'est plus qu'un souverain détrôné et la millionième partie d'un tout dont la raison d'être a disparu; qui comprennent par contre que le matérialisme, s'il est logique dans son principe, c'est le moi absolu, lancé à toute vapeur dans un présent sans retour, qu'étreignent deux éternités au sein desquelles rien de nous ne compte, ce qui stimule peu l'abnégation et stimule beaucoup la fièvre des jouissances immédiates, ceux-là seront épouvantés, après la lecture du livre de M. de Girardin. Ils seront épouvantés qu'il semble possible de faire l'ordre, qui est la liberté de tous, dans une société où, pratiquement, le sans gêne intime de l'athéisme règne sous le masque d'une théâtrale piété.

M. de Girardin, que les obstacles fondamentaux n'ont pas le don d'émouvoir, parce qu'il les prévoit, va au devant des objections capitales avec résolution et s'exprime de la sorte :

« Ce sera par la transformation de la société que s'opèrera la réforme de l'homme. »

Ainsi, pour M. de Girardin, l'homme social est un simple chiffre ne valant que par la place qu'il occupe dans un nombre. La société le fait, il ne fait pas la société. La partie résulte du tout, le tout n'est point un écho fidèle de ses parties.

Pour nous, une société ne peut valoir que selon la qualité de ses membres. Le tout, chez un peuple, agrégation individuellement active et indépendante, est une conséquence nécessaire de ses éléments constitutifs. La collectivité réflètera toujours avec exactitude ses individualités. Sept vilains jours ne sauraient former une belle semaine. Il n'en est pas des choses comportant l'activité, telles que l'être humain, comme des matières passives, où le total impose son essence à ses fractions. Si tout Prussien était un jésuite impie, à l'égal de certaines souverainetés, la nation prussienne, quoi qu'on put faire, ne serait jamais un modèle de franche et loyale vertu.

Aussi, avons nous écrit depuis longtemps, qu'il faut en toute hâte et avant toute chose remplacer le sujet par le citoyen : le sujet est le protecteur inerte de tous les despotismes, despotisme religieux, despotisme politique, despotisme social, despotisme du savoir comme de l'ignorance. Le citoyen véritable ne doit relever que de lui, à la condition qu'il sera par-dessus tout affranchi de lui-même.

Alors, il se trouvera digne du suffrage universel qui, par son usage, sera glorifié. Dans ces conditions, il compose une société démocratiquement nationale, sans la subir et sans s'imposer à elle privativement.

C'est ici que se tranche notre divergence d'opinion avec l'éminent publiciste. M. de Girardin asservit l'homme à ses intérêts, par l'exercice mathématique de la raison. Une société formée de pareils éléments, sera de sa nature despotique pour ses membres, qui, à leur tour, seront fort intolérants pour elle. Ce n'est pas là une liberté privée, une liberté sociale telles qu'on doit les concevoir.

Nous adoptons la thèse de M. de Girardin sur la liberté absolue et l'étendons plus que lui, puisque nous voulons que l'homme soit absolument libre de ce qui l'asservit le plus à lui-même et devient la plus grande cause de son asservissement public : l'intérêt matériel, l'amour exclusif du moi, tout ce qui est passager et n'engendre que des principes relatifs, en faisant du citoyen un risible ou un grave saltimbanque.

C'est à ce point de départ qu'il faut faire intervenir la croyance, parce qu'il n'est et ne peut exister d'autre élément d'action. Elle est forcée : rien ne la remplace. Faire naître cette sage et généreuse abnégation, qui généralise les intérêts individuels et les fait propres à tout individu, en reliant étroitement ce qui s'exclut de sa nature, n'appartient qu'à un agent moral supérieur, plus viril et plus absolu, plus durable et plus absorbant que tous les intérêts de ce monde.

Le sujet moderne, un bâtard de la philosophie matérialiste et de religions révélées plus matérialistes encore, court plus que jamais, un drapeau de la liberté à la main, après son propre asservissement, afin d'avoir le droit d'asservir à son tour. Nous sommes tous plus ou moins valets, par l'athéïsme philosophique ou religieux, à la condition de dominer des inférieurs. De là, l'existence de tous les partis et nos révolutions périodiques, qui sont bien moins des affirmations de principes, que des négations de personnes et un individualisme général tout aussi sordidement avide d'exclusion que d'appropriation.

Oh ! oui, qu'on en soit convaincu, la plus difficile des indépendances est celle qui consiste à s'affranchir de soi-même et, celle-là, complètement opposée aux principes sur lesquels repose le magnifique édifice érigé par M. de Girardin, tire son origine de cette inébranlable foi morale, que nul ne parvient jamais à arracher de ses instincts, quel que soit le trouble qu'y apportent les légèretés de la philosophie ou les puérilités des divers cultes.

M. de Girardin ne se préoccupe en aucune façon ni d'une autre vie, ni de l'âme, ni d'un Dieu, ni de la corrélation de ces trois grands principes avec l'être humain et sa destinée présente et future. Ces dénominations ne sont rien pour lui. Ce sont des mots creux. Il ne nie pas la réalité des faits qu'ils représentent; mais il ne l'affirme pas davantage. A quoi bon, selon lui, ces données mystérieuses et à tout jamais insolubles des défaillances ou des ivresses du cœur, qui n'engendrent que fanatisme privé, que despotisme public et barrent passage à tout progrès matériel et moral?

Ces trois grands principes ne sont pas des chiffres que notre ami puisse aligner, des expériences effectives dont il soit possible d'induire des enseignements, des machines à raisonner qu'on doive instruire des mathématiques de l'intérêt personnel, pour les approprier à un mécanisme social. Ces choses-là ne s'affirment point d'elles-mêmes, et M. de Girardin, qui ne se paie ni de sons, ni de sentiments, en politique, les estime ce qu'elles valent pour lui et les met à l'écart.

Ne disposant d'aucun moyen d'action métaphysique pour agir sur l'esprit de l'homme, il accepte donc les faits tels que les lui fournissent le siècle et la société. Il ne bataille pas dans le vide, comme nos hommes d'État grands et petits, et qui n'est aujourd'hui homme d'État? Il abandonne dès lors l'idée juste de refaire le tout par la réforme de la partie et, sans perdre de temps, il part de ce tout, quel qu'il soit, la seule base d'ailleurs qui lui reste, pour contraindre la fraction divergente à suivre les lois essentielles de son unité politique.

Ce n'est pas à dire que notre brillant polémiste ne préférât mieux faire, s'il le pouvait. Cet écrivain ne connaît pas de parti pris. Monarchie, république; souveraineté de droit divin, souveraineté nationale; la commune elle-même, le fait accompli en un mot, il subit tout ce qui s'impose sans regimber et cherche, en dehors de toute violence, à lui fournir la meilleure organisation dont il soit susceptible.

Reste la question de savoir s'il est une forme politique qui soit supérieure à l'autre?

Pour répondre à un certain courant d'idées et à certaines allégations lancées contre le caractère politique de M. de Girardin, nous ajouterons que cette disposition générale de son génie n'est pas aussi étrange qu'elle peut paraître aux esprits superficiels.

Quelle que soit la forme de gouvernement, monarchie, socialisme, république, communalisme, le fond, c'est-à-dire l'action effective et pratique, ce fond est identiquement le même pour toutes les formes des divers pouvoirs sociaux.

Il est le même par ce motif bien simple que la matière gouvernable : hommes et intérêts, ne varie pas avec les révolutions et la chute des gouvernements. Cette matière gouvernable comporte des lois rigoureuses, qui lui sont propres et qui s'imposent les mêmes à la commune, à la république, à la monarchie, ce qui réduit en fait ces trois dénominations à une action gouvernementale unique. Aussi, la république doit-elle fonctionner comme la monarchie et la monarchie comme la république, sauf pour ces pouvoirs à n'être pas de leur temps, ce qui est le pire défaut.

S'il n'y a aucune différence entre l'action effective de ces diverses formes, en quoi leurs hommes publics diffèrent-ils? Voici ce que nous écrivions, il y a un an, le 5 février, sous la dictature Gambetta :

« Qu'on le remarque, si les divers gouvernements sont égaux entre eux, sous le rapport de l'action impulsive ou restrictive, leurs hommes, leurs types et représentants officiels ne se valent-ils pas mutuellement ?

» Quoi de plus beau et de plus digne que cet admirable cri de douleur poussé par M. Gambetta après la capitulation de Metz ?

» Quoi de plus navrant et de plus patriotiquement honnête que le récit de M. Jules Favre à la suite de ses anxieuses tentatives d'armistice ?

» Quoi de plus noblement élevé et de plus austèrement senti que la protestation de M. le comte de

Chambord contre le bombardement de la capitale intellectuelle du monde?

» Quoi de plus français que la sainte abnégation des princes d'Orléans, au lendemain de 48, alors que, pour quelques lambeaux de pouvoir, ils eussent pu déchaîner la guerre civile sur leur patrie?

» Soyons donc plus tolérants et plus équitables ; car, hommes et choses, dans les divers partis, se valent indistinctement. »

Avant que de juger un homme dans la vie privée ; avant que de juger un homme politique ; avant que de juger un pouvoir, aux prises avec les difficultés d'État, sortez de vous-mêmes, de vos théories, de vos convoitises et mettez-vous consciencieusement à leur place, puis prononcez.

Il n'y a donc pas tant à se vanter d'être monarchiste ou républicain, et l'on prouve un assez grand vide dans les idées en accusant les hommes supérieurs, comme M. de Girardin, de n'avoir pas une foi politique.

L'on a beaucoup cherché à démontrer que notre grand publiciste est un homme d'une versatilité inconsistante. L'on ignore donc la première loi du progrès? Le progrès est l'opposé de la foi, qui est un temps d'arrêt, désormais infranchissable, et la négation des recherches. Or, pour progresser, il faut chercher, et, pour chercher, il faut avoir douté. Donc le doute est la condition du progrès et le premier auxiliaire de la civilisation, à laquelle toute foi met un terme.

M. le comte de Chambord, la plus grande personnalité des temps modernes, par le tranché des convictions et l'héroïsme de leur désintéressement, vous prouve ce qu'est la vraie foi : la négation de la marche du temps lui-même.

Entre les diverses formes de gouvernement, il y a cette seule différence, qu'étant donnée une nation instruite et à l'état normal, la république, avec le suffrage universel, est le régime le plus rationnel et le seul en rapport avec son origine et avec ses fins. Mais, il faut ajouter, pour être dans le vrai, que le suffrage universel, cette grande lumière, comme principe et comme théorie, n'est, pour une société ignorante, qu'un chronomètre entre les mains d'un horloger ne connaissant pas les heures. Il devra se renseigner. De là, chez un peuple, le tumulte des influences les plus diverses, l'obscurité, les décisions du hasard et un cens électoral comme un autre. Par suite, le triomphe de l'intrigue ou de la violence, pour arriver à quoi? aux mêmes errements pratiques.

Il ne faut pas croire qu'il y ait tant de manières possibles de gouverner. L'autorité est une, quelque nom qu'elle porte et quelle que soit sa forme : elle est une par suite de l'unité d'exigence de la matière gouvernable, qui impose son unité d'action. Cette autorité publique ira donc toujours se heurter aux mêmes obstacles : l'intérêt individuel aux prises avec l'intérêt général, intérêt général qui exclut l'action multiple résultant des divers régimes politiques.

Et, de même que les minorités, par des moyens violents, l'emportent toujours, dans la rue, sur les majorités légales, celles-ci produites, du reste, par d'autres minorités et les plus infimes, mais influentes au scrutin, ces diverses minorités entraîneront sans cesse la ruine du pouvoir, soit qu'elles l'attaquent, soit qu'elles le défendent, pour satisfaire leur étroit individualisme.

*
* *

L'individualisme, sans foi morale! L'intérêt personnel, sans abnégation! Là est la grande difficulté des temps modernes.

Si nous nous séparons de M. de Girardin, lorsqu'il s'agit de réformer l'individu, réforme qu'il opère par la pression sociale et que nous attribuons à la croyance scientifique en Dieu, de son côté notre novateur se sépare ici des errements politiques et sociaux de l'ordre de choses ancien.

Il comprend que les mêmes causes produisent toujours les mêmes effets et que les révolutions seront incessantes, chez nous, tant que les changements de pouvoir n'auront pour résultat que de transformer leur dénomination et leur forme même, sans toucher au fond, sans modifier l'action gouvernementale, que les intérêts publics imposent, identique sous tous les régimes.

M. de Girardin a compris ce que ne conçoivent guère les hommes d'État, faciles à trouver, du reste, qu'enfantent nos crises révolutionnaires, et qui ne savent que se copier successivement, soit au pouvoir, soit dans la rue. Il s'est démontré ce que nous venons de prouver dans les lignes qui précèdent et, alors, que fait-il?

Il change radicalement les rapports entre la matière gouvernable et le gouvernement. Là est toute la question et le nœud du problème à venir.

Il n'y avait que cela à faire. On ne modifie pas l'homme social du jour au lendemain; on ne modifie pas davantage les intérêts sociaux. Ces éléments ayant un caractère de longue durée, avec des effets politiques invariables, entraînant la chute de toute autorité, après avoir rendu toutes les formes gouvernementales égales entre elles, quant à l'action, que devait chercher un penseur pratique?

Il devait chercher et trouver le moyen de laisser chaque chose à sa place, dans sa nature intime, avec ses lois propres, en introduisant l'harmonie dans ce qui est, qui est de soi, qu'on modifiera à la longue, mais qu'il faut placer dès aujourd'hui dans des conditions sérieuses d'existence.

Le moyen est simple comme tout trait de génie. M. de Girardin transforme radicalement les rapports entre le gouvernement et la chose gouvernée.

Partant de là, il proclame la liberté individuelle absolue. Cette façon de procéder semble téméraire. Elle n'est que logique. Plus il charge la responsabilité du citoyen, plus il décharge la responsabilité de son gouvernement. Plus il amoindrit l'action de ce gouvernement sur les personnes, sur leurs intérêts, plus il exempte et ces intérêts et ces personnes de tout motif de renversement. Il fait de son gouvernement une grande compagnie d'assurance mutuelle, résumant et développant nos compagnies privées, et le pouvoir, dès lors, comme une sorte de providence, qui nous abandonne à notre libre arbitre, n'intervient que pour nous garantir.

Il y a cette différence entre l'ordre de choses actuel et l'ordre de choses créé par notre homme d'État, qu'à cette heure nous sommes agrégés surtout par des lois pénales, ce qui dénote un dissolvant, tandis que nous serions reliés par voie d'association, ce qui astreint volontairement les parties au bon ordre et à la prospérité du tout.

Il y a surtout cette différence que, par les régimes anciens, le gouvernement prend toute la responsabilité des personnes comme des choses, et tourne successivement contre lui et toutes choses et toutes personnes, tandis que le nouveau régime laisse toute liberté d'action à la matière gouvernable, se bornant à garantir des risques et, de la sorte, échappant à ce qu'on nomme aujourd'hui la responsabilité politique.

C'est qu'en effet, d'après nos idées, les gouvernements ne sont plus des corps politiques, surtout à l'intérieur. Ils ne sont que le lien administratif de la mutualité et, à ce titre, ils effacent tous les partis, puisqu'ils cessent d'être un levier d'influence publique.

L'individualisme privé s'élève aussitôt à toute sa hauteur, pour constituer le citoyen réel, et la personnalité gouvernementale disparaît, avec sa vie propre et distincte, pour livrer passage à la seule solidarité sociale, presque sans corps, presque sans fonctions, une sorte de coffre-fort, uniquement destiné à encaisser et à répartir.

De là, les trois ministères de M. de Girardin : ministère de la recette, ministère de la dépense, ministère du contrôle. Rien de plus simple, rien de mieux défini comme pouvoir public. Doit, avoir, balance. La puissance véritable, nationale, politique, gouvernementale gît désormais, par cette organisation, dans la mutualité, association volontaire de forces, d'intérêts, de volontés, de dévouements raisonnés, égoïstes, si l'on veut, et prenant un caractère mathématique.

Mais, plus de gouvernement dans l'acception ancienne de ce mot; plus du principe d'autorité avec son action et sa réaction propres; plus de ce parasite artificiel, qui s'attribue une vie personnelle, une indépendance de sa cause, une autonomie dynastique, qu'on ne saurait comprendre, si l'on ne savait que les usurpations enfantent les monstruosités les plus inimaginables. L'ombre prenant la place de la réalité et s'imposant à elle comme le principal, avec son cortége de races souveraines, de préjugés, de drapeaux, de droits individuels, ce serait à crever de rire, s'il ne fallait en rougir au nom de la civilisation et de l'humanité.

L'initiative individuelle, qui prospère et enrichit seule la société, malgré les entraves des divers pouvoirs, que ne pourra-t-elle le jour où elle sera dans sa sphère son propre et unique gouvernement?

La nécessité des gouvernements, tels qu'ils sont entendus aujourd'hui, n'est qu'un préjugé de l'habitude et du défaut de réflexion. De même que le besoin des religions révélées et de leurs cultes, avec organisation hiérarchique d'un personnel officiant, ou appelé à trancher des articles de foi, n'est qu'un abus fondé sur la barbarie, pour donner des apparences de vérité à l'erreur et soutenir des pouvoirs artificiels qui, comme tous les pouvoirs factices, ne sont jamais que des moyens d'exploitation.

Est-ce que la science proprement dite, la science des arts, la science de l'industrie, la science du commerce, la science des affaires privées, exigent une hiérarchie sacerdotale ou gouvernementale quelconque, pour faire l'unité scientifique en elle-même? Est-ce que cette unité ne se forme pas d'elle seule par l'expérience et le contrôle de tous? Est-ce qu'un article de foi décrété par l'infaillibilité papale, sera plus croyable pour l'homme de bon sens que si le pape n'avait rien dit? Puisque le premier venu peut être député; que tout le monde est susceptible d'être envoyé au parlement pour légiférer et régir ainsi la chose commune, tout le monde est donc présumé savoir conduire ses propres intérêts? Faites un pas de plus, supprimez l'obstacle par la suppression du préjugé, et que le même homme qui peut être gouvernement, se soit son gouvernement à lui-même, comme le savant, comme l'artiste, comme l'industriel, comme nous tous en définitive nous nous sommes personnellement, et pour toutes choses, un souverain pontife tranchant les articles de conviction et les rectifiant par la seule expérience pratique.

Dans l'ordre d'idées de M. de Girardin, l'individualisme prend un développement immense. L'homme tend à y remplir à plein bord sa destinée native. Si la collectivité sociale, dans les régimes nouveaux, doit être omnipotente sur les affaires publiques, ce qui est rationnel, la fraction de cette collectivité, l'individu, doit commencer par être omnipotent sur ses propres intérêts. Son droit ne peut avoir d'autre limite que le droit d'autrui.

Tous absolus par le vide de croyances morales et par les seules inspirations mécaniques; tous égoïstes, tous sordides à la fois devant leurs intérêts matériels, ils se contrebalancent mathématiquement par leurs réciproques avidités. Ils deviennent justes et moraux par spéculation. Ne pas mal faire sera un calcul; une action généreuse ne sera qu'un leurre. On ne deviendra pas voleur dans la crainte d'être volé par représailles. On fera de la vertu pour en donner l'exemple et se garantir des vices d'autrui.

Voilà qui est abominable, va dire en rougissant de pudeur notre vieille société. Nous répondons :

C'est peu poétique et, cependant, c'est pratique.

Tellement pratique, que cette même société, derrière ses signes de croix et ses génuflexions, ne fait pas autre chose. De nos jours et depuis plusieurs siècles, l'on affiche la poésie du sentiment religieux et sa noble abnégation, ses devoirs et ses règles de conscience. C'est là ce qui est proclamé par tous et par chacun, par les lois et par l'esprit qui les dicte. Est-ce autre chose qu'un sacrifice aux apparences et une sorte de justification de soi-même?

A nos yeux, c'est un solennel hommage que rendent nos suprêmes instincts à d'éternelles et insaisissables vérités. Mais au fond, dans les actes usuels de la vie réelle, ce généreux appareil de vertus morales est singulièrement délaissé, et l'inspiration pratique nous vient assez généralement d'un égoïsme exclusif et absolu aussi cruel qu'il est impie.

A quoi servent donc les prétendus sentiments religieux de cette société? Elle agit comme si elle ne croyait pas. Ses actes quotidiens sont ceux de l'athéisme, bien que ses paroles soient empreintes de dévotion. Il faut que la foi que vous enseignez à l'esprit humain soit bien rebelle à la raison ou au simple bon sens, pour que cinquante mille prêtres et cinquante mille religieux, gens de bien, du reste, acharnés à instruire l'enfance et à catéchiser l'homme, ne parviennent pas à entamer l'indifférence publique.

Oh! si la société chrétienne professait pour l'objet de son culte la foi qu'elle voue à l'or, à de l'or, à ses intérêts, à ses passions, même les plus basses, desservies par l'argent, ce serait bien autre chose. Nous dirions qu'un culte est précieux et doit être sauvegardé au nom du salut commun. La foi à l'argent, voilà qui représente une foi véritable ! Là, pas le moindre doute, pas la moindre hésitation. Ce qu'on croit, comme on le pratique, et même au delà. Entre les actes et les paroles, pas le moindre écart. On va même jusqu'à pratiquer plus qu'on ne prêche, ce qui est rare. La croyance en Dieu, en une autre vie, chez la généralité des fervents, quelle est pâle et défaillante en face de cette foi des écus, qui comble à pleine rive ce que l'immortalité apostolique tarit et met à sec comme un désespoir.

Cette foi matérialiste, dans ses termes absolus et qui vont chez les croyants jusqu'à agir, penser et sentir comme si Dieu n'était qu'une parure mondaine, est certainement pitoyable. Cependant, elle seule aujourd'hui est une vraie foi, une foi virile et robuste, une foi ardente et irrésistible comme l'évidence : elle est ce qui est. Toute autre n'est en pratique qu'un accessoire décent.

Au lieu d'organiser d'après des fictions, M. de Girardin organise donc mathématiquement des réalités, et il prend son point d'appui dans l'unique foi des temps modernes, celle-là inébranlable : l'intérêt privé.

Il y a cette différence entre les procédés de notre illustre ami et les politiques de la vieille école, que ces politiques veulent la société avec un masque, ayant le jésuitisme pour drapeau, tandis que M. de

Girardin n'admet qu'une société à visage découvert, ayant pour étendard la franchise de la liberté.

*
* *

L'individualisme ! Là est la pierre d'achoppement de notre époque. M. de Girardin ne s'en préoccupe pas suffisamment et, toutefois, comme il tranche la question avec grandeur. Il réduit l'homme et la société aux mesquines proportions du matérialisme pur, ou plutôt, il accepte le matérialisme de la société et de l'homme tels qu'ils résultent du fait accompli, et il proclame la liberté de cet individualisme jusqu'à l'absolu, jusqu'à l'impunité corporelle, dans le droit de tout faire, après le droit de tout dire, qui résulte du droit de tout penser.

Il n'y avait pas d'autre moyen sûrement efficace pour relier les fractions individuelles de la société en un tout réellement unitaire. Il crée par là une solidarité, dont l'organisation est la mutualité, dont le contrôle est l'opinion, opinion qu'engendre seule la liberté dans le plus indépendant des individualismes.

L'exagération du moi, sans foi, porte à cette conséquence, qu'on prend trop la vie présente au sérieux et que le sentiment de l'actualité y devient trop prédominant.

L'intérêt privé, dans ces conditions, s'il est logique, représente à lui seul l'intérêt général, puisque rien n'existe pour l'individu en dehors de lui-même. Dès lors, comment l'instruire, comment le conseiller, comment l'astreindre à une organisation? Comment s'abdiquera-t-il assez, n'ayant que la foi de son insatiable intérêt, dans la négation d'un lendemain terrestre, pour comprendre l'intérêt d'autrui et lui accorder un droit rival du sien propre?

L'individualisme! Son intérêt privé! Oui, c'est là qu'on rencontre l'obstacle capital aux reconstitutions nécessaires. Le matérialisme rend absolu cet intérêt qui par suite devient exclusif. Il ne peut être réglementé et réduit à ses justes proportions que par l'abnégation de la croyance. Or, où trouvez-vous aujourd'hui une croyance qui soit croyable? Celle d'un matérialisme athée, veuillez-nous le dire, est-elle plus irréfutable que celle des diverses religions? Celle des religions révélées, et en tête le catholicisme, offre-t-elle des bases plus sérieuses et moins futiles? Nous les trouvons aussi ridicules les unes que les autres, dans leurs affirmations burlesques, comme dans leurs négations à contre-sens.

Si les affirmations dérisoires des divers cultes ont pu vivre des siècles, adoptées par les masses, qui jamais n'ont cru d'ensemble à l'athéisme, cela tient à l'ignorance, lumière de l'erreur, drapeau de tout corps sacerdotal, et grâce surtout à ce que ces affirmations acceptaient une cause première à de splendides et magiques effets. Sentiment universel, que les spéculations des diverses écoles philosophiques ne parviendront pas à détruire, parce que le génie du sens commun sauvegarde les hommes. A défaut de la vérité pure, l'âme humaine s'était accrochée à ses lambeaux.

Une négation insensée et une affirmation dérisoire, poussent au même résultat : l'amour exclusif de soi dans le matérialisme.

Les révolutions ne font qu'empirer cet état maladif des sociétés. Elles ne réalisent qu'une seule chose : le fond reste invariablement ; les dénominations seules changent. A des ambitieux repus, succèdent des ambitieux qui veulent se repaître. Les acteurs varient, la farce reste la même, cela, depuis la capitale jusqu'au plus modeste hameau. Et le peuple s'accoutume ainsi à trouver qu'il est simultanément la dupe du gouvernement de Dieu et du gouvernement des hommes.

La commune de Paris a été ignoble parce qu'elle finissait et qu'après elle, comme tous les pouvoirs qui tombent, il ne lui était possible de croire qu'au déluge. Il y a eu dans les actes de son agonie du bourreau, du saltimbanque, du mouchard, du déserteur ; l'égout, le lupanard, le bagne, l'abattoir, tout s'y mêle et s'y brouille pour donner le spécimen d'une orgie digne de toute civilisation matérialiste. Celle-ci comporte des fins logiques : un peu de cendres ! Tel est donc le but, le but suprême de ce cadre merveilleux, qui s'impose fatalement, que rien ne pouvait empêcher d'être, assez vaste pour contenir Dieu lui-même : l'infini ! cadre que tracent et remplissent la durée, l'espace, des créations incalculables.

Or, qu'après le succès, la commune fût devenue un gouvernement, la matière gouvernable, hommes et intérêts, eussent aussitôt imposé leurs lois, et la commune devenait autoritaire, c'est-à-dire réactionnaire, comme l'empire, comme la royauté, comme la république, comme un monarque, comme une assemblée, comme tout ce qui gouverne.

Nous retomberons, en définitive, dans toutes les duperies des temps politiques antérieurs, tant qu'on usera de leurs mêmes procédés et qu'on n'entrera pas résolument dans la pratique de cette grande doctrine de M. de Girardin, qui consiste à changer les rapports entre le Pouvoir social et les intérêts sociaux.

Décentraliser, ce n'est pas modifier ces rapports. C'est dénaturer le régime essentiel de vos gouvernements : l'unité d'absorption, de répartition, et par suite de corruption. C'est leur donner le coup de grâce et les perdre, par une responsabilité sans initiative et une souveraineté exécutive sans unité.

Mais nous disons aussi à notre ami : vos réformes sont insuffisantes. Un mécanisme, tout aussi parfait qu'il soit, ne saurait suffire dans les matières de composition humaine. La fraction, dans l'être collectif, qui forme le corps social, jouera désormais le premier rôle. Cette existence avidement fictive et la seule réelle, toutefois, qui s'appelait : autorité ou gouvernement, s'effacera de plus en plus pour mettre en relief l'individualisme de tous. Par suite, plus que jamais l'on est autorisé à dire :

Tant qu'on n'aura pas réformé l'individu; tant que vous serez privés de citoyens et que la société se composera de serfs à tous les degrés, serfs à l'égard du gouvernement, serfs à l'égard d'autrui, serfs surtout à l'égard d'eux-mêmes, et le matérialisme, en l'absence d'une foi morale, ne produit pas d'autre résultat, vous n'obtiendrez jamais la véritable liberté, quelque absolue que vous la proclamiez. Vous marchez tout simplement à la multiplication du despotisme privé.

Une chose lamentable aujourd'hui et depuis des années, c'est de voir comment on s'y prend pour former les citoyens. On s'occupe de l'instruction, dans l'oubli complet de l'éducation. L'instruction est certes une grande chose; car, savoir, et bien savoir, c'est croire! mais, enseigne-t-on à bien savoir? Ce n'est pas tout que d'être bourré de science; il faudrait comprendre ce que cette science interprète, ce qu'elle révèle, la main ouvrière qu'elle met à nu. Et, pour sûr, elle ne manifeste pas des œuvres de hasard, des combinaisons résultant des seules lois de la matière. L'emploi d'une science mathématique au suprême degré, dans l'organisme d'un être vivant, dont les diverses parties ont exigé la mise en œuvre de toutes les sciences, impose ce fait incontestable à notre raison, qu'il n'y a dans toutes ces splendeurs du moyen pour atteindre une fin, que du voulu, rien que du voulu !

Quand on arrivera à bien concevoir cette vérité dans son ensemble, et le paysan comme l'ouvrier la comprendront mieux, il faut croire, par l'analyse d'un brin d'herbe, d'une plume, d'une écaille, que par la récitation d'un catéchisme qui châtre l'entendement, alors vous commencerez à posséder dans l'ordre social des hommes jaloux de leur liberté et plus jaloux encore d'un esprit hiérarchique, si pitoyablement méconnu de nos jours.

Or, sans esprit hiérarchique dans la liberté, dans une liberté même absolue, cette liberté ne sera jamais que le chaos de tous les despotismes. La liberté jointe à l'esprit de hiérarchie, c'est la justice dans ce qu'elle renferme de plus grand; c'est la reconnaissance volontaire des droits de chacun et de tous au détriment même de notre propre intérêt. C'est un effacement de l'individualisme par un équitable usage de son entière indépendance. Et, ce résultat contre nature ne sera jamais obtenu sans une foi intellectuelle.

Voyez l'ouvrier, voyez le paysan qui savent lire et écrire, et comment écrivent-ils et lisent-ils pour la plupart? Sous l'empire de la même ignorance qu'auparavant; privés du savoir tel qu'il doit être compris et qui n'est le savoir qu'à la condition de n'être pas l'orgueil suffisant et burlesque des demi-lettrés dans toutes les classes; orgueil puéril, qui ne permet le doute en rien et qui affirme surtout la valeur manifeste de son boursoufflé titulaire, ces hommes se croient capables de toutes les destinées, et il n'est pour eux, cela va de soi, ni problèmes, ni obstacles, ni complications; tout est plan, tout est simple, tout est radieux : il n'y a qu'à détruire pour reconstruire, ou il n'y a qu'à conserver pour progresser.

Le renversement est la première loi de ces forces actives. Cet acte est pour elles la chose importante et qui préoccupe le plus leur esprit dans les heures de solitude. Quant à la tradition, avec ses enseignements, elle est pour ces politiques lettre complètement morte.

Or, le progrès, c'est la tradition rectifiée par l'expérience et poussée en avant par la science. L'ignorance et la routine, c'est-à-dire la certitude dans l'incapacité, ne seront jamais qu'une boussole sans aimant, que cette routine et cette ignorance s'appellent l'infaillibilité d'un pape, le pouvoir absolu d'un souverain, l'autorité bâtarde des classes moyennes, le pouvoir échevelé d'une démocratie, le déraillement d'un socialisme quelconque.

Ce qui nous étonne par-dessus tout, c'est que le sentiment de la vérité soit si rare dans tous les rangs, et que la science de l'intérêt propre des diverses classes y soit si peu répandu. On dirait qu'on n'y cultive avec un soin jaloux que l'ignorance de ses intérêts mal compris, qu'il s'agisse du noble, du prêtre, de l'ouvrier, du bourgeois, des riches ou des prolétaires. Nous ne trouvons pas plus le sens politique chez les uns que chez les autres.

Le grand vice de leur allure, c'est qu'ils procèdent

tous par voie d'exclusion, quand tous devraient procéder par voie d'association. Tant que vous n'aurez pas cimenté les fractions divergentes de l'ordre social et divergentes mathématiquement, sous l'impulsion d'un matérialisme répulsif de sa nature; tant que vous ne les aurez pas cimentées par la mutualité d'intérêt et de garantie réciproques, vous recommencerez sans trêve ni merci notre histoire de quatre-vingts ans, et vous ne cesserez de fournir du poison, comme contre-poison, à l'homme empoisonné.

Nous le répétons, tant que vous ne remanierez pas l'organisme moral des individus par une forte croyance, qui doit être une conviction, non une foi, vos révolutions, vos gouvernements, tous identiques par nécessité; vos réorganisations mêmes et les plus savantes, tout ira s'engloutir au pied de cet écueil que nous nommons la matière gouvernable, et qui se compose du citoyen asservi avant tout à lui-même et à ses intérêts exclusifs.

M. de Girardin, qui n'est ni un homme de parti, ni un pontife du socialisme, ni un métaphysicien, ni un archevêque catholique, est avant tout un grand organisateur. A ce titre, il lui faut les ensembles. Il est donc naturel qu'il délaisse les parties, l'individu, les lois morales, et qu'il ne s'attache, d'après ses aptitudes ou plutôt, par les habitudes créées à son talent, qu'à l'organisation des seules collectivités, avec l'unique intervention des lois matérielles.

Aussi, en ce qui concerne les personnes, ne demande-t-il qu'une seule chose, infiniment plus aisée que l'inspiration d'une croyance. Il demande qu'on enseigne à l'homme, non la philosophie, non le catéchisme, triste mot que nous ne pouvons prononcer sans surprise dans un siècle de bon sens; il demande qu'on lui apprenne à raisonner son intérêt. Puis, notre logicien organise le milieu social dans lequel évoluera cette raison, modelée sur l'arithmétique, de façon à ce que l'intérêt privé de chacun soit une sauvegarde pour l'intérêt privé de tous, et que l'intérêt de tous soit une garantie pour l'intérêt de chacun.

Rien de plus beau, du reste, de plus rationnel et de plus pratique que cette vaste organisation, détaillée en vingt-trois volumes énormes, écrits jour par jour pendant quarante ans, et si logiques dans leur invariable unité, qu'on les croirait conçus en une heure d'inspiration. Qu'on nous parle ensuite de la versatilité de leur auteur? Ah! oui, il est versatile, parce qu'il ne s'est jamais attaché à l'amour vulgaire des surfaces et que toutes vos formes politiques, ces redites de vieilles commères, l'ont trouvé indifférent à ce degré, grand à ce point, qu'il les eût acceptées toutes comme susceptibles de donner, par des réformes simples, dans leur science, ce qu'aucu ne d'elles ne pouvait produire par ses propres errements.

Notre ami enchaîne l'homme dans son intérêt matériel; voilà ce que nous lui reprochons. Et, toutefois, pouvait-il autrement faire? A l'horizon de son siècle, pas une croyance assez virile pour entraîner les esprits. La négation matérialiste au contraire de toutes parts. Il prend dès lors son temps comme il le trouve et asseoit sa reconstitution sociale sur une assise formidable de solidité : l'égoïsme, ce vice capital du génie humain.

M. de Girardin peut obtenir ainsi de l'ordre, une certaine harmonie, beaucoup de prospérité pour la richesse publique; mais il anéantit l'homme moral. Il efface l'homme intellectuel, l'homme du sentiment, l'homme des nobles et saints enthousiasmes. L'idéal humanitaire disparaît. La lumière qui tombe du soleil n'éclairera plus désormais ces irrésistibles aspirations vers l'inconnu qui, une fois ou l'autre, s'emparent de chacun et l'arrachent d'ici-bas. Il ne sera plus permis de souffrir, d'être brisé par l'affliction, de pleurer un être cher, et, cependant, le désespoir est le fond de cette mer agitée qu'on nomme la vie.

L'égoïsme matérialiste, c'est-à-dire athée, mu franchement par les seuls instincts physiques et enrégimenté dans l'organisation Girardin, qui rend inviolable l'intérêt individuel et assure son triomphe, oh ! la liberté, même absolue, vous pouvez la proclamer : elle n'offrira aucun péril auprès de rouages inertes, engrenés les uns dans les autres de manière à n'avoir aucune indépendance partielle.

Une telle société, va-t-on dire, ce n'est pas une association d'âmes et d'esprits qui sentent, pensent et forment un tout intellectuel, capable de liens moraux, d'attractions et de répulsions généreuses, de sacrifices et de dévouements, de purs enthousiasmes et d'héroïques abnégations. Ce n'est pas un peuple, c'est une hiérarchie d'usuriers ; c'est l'agrégation d'un outillage industriel. Vous obtenez ainsi une compagnie universelle de producteurs et de consommateurs ; mais vous voilez l'humanité !

M. de Girardin est en droit de répondre : faites mieux. Pouvais-je m'adresser à la philosophie pour réformer moralement l'homme ? La philosophie moderne nie Dieu, et la philosophie ancienne ne l'a jamais démontré avec évidence. Ce qui le prouve, c'est qu'elle n'a pas entraîné l'esprit public, que les principes vrais subjuguent toujours.

Pouvais-je m'adresser au catholicisme ? Il va plus loin que la philosophie. Il fait rire de Dieu par ses définitions, ce qui est une négation et la pire.

Voilà ce qui pourrait nous être répondu et nous serions sans réplique. Il ne restait dans ce cas, au novateur, que l'alternative par lui adoptée, se passer de ce qu'il n'avait point ; laisser croire ou ne pas croire, ce qu'on ne saurait empêcher ; organiser sans l'intervention d'une foi morale et former l'homme par la société, au lieu de réformer la société par l'homme.

Nous ajoutons : rien n'est dangereux en politique comme les moyens d'action sur lesquels on croit pouvoir compter et qui cependant n'existent pas.

Longtemps après qu'elle est morte, la feuille reste suspendue à la branche. De même, les religions surnagent des siècles après qu'elles ne sont plus. Dans cet état, elles sont un péril grave parce que, provoquant la négation sur les choses les plus saintes et les plus indispensables, elles portent au doute sur l'ensemble des principes sociaux.

Les conséquences possibles vont plus loin. Le sentiment le plus tendre et le plus démonstratif est celui qu'on simule, surtout en religion, dont l'ordre d'idées vous forme une nature artificielle. Dans cette sphère obscure, rien ne ressemble plus à la vertu que le vice.

Les religions, sur leurs fins, obtiennent encore, par habitude, par sentiment, par respect humain, par une pusillanimité poltronne supérieure à la raison, par esprit de parti, par un vaniteux intérêt de relations, les religions qui finissent, disons-nous, obtiennent une apparence de foi. Mais que celle-ci est éloignée de cette autre que représente si puissamment l'amour des biens terrestres. Oui, croyants catholiques et croyants des divers cultes, lorsque nous vous verrons croire à vos dogmes et pratiquer la morale religieuse, comme vous pratiquez l'amour de l'argent et comme vous y croyez, nous dirons que vous êtes des gens de foi, et que privativement et politiquement vous avez une haute valeur de conscience. Jusque-là et sauf, bien entendu, de rares et belles exceptions, nous ne pouvons voir que des masques dans les pratiques religieuses les plus raffinées. Vos corps sont à l'église, l'esprit est dans votre bourse, auprès d'un amant ou d'une maîtresse, maîtresse qui est en général l'avidité des sens, l'ambition, la jalousie ou la médisance.

Cette foi de surface, qui ne s'attache qu'aux formes, soit comme culte, soit comme objet de culte, engendre et a toujours engendré partout et de tout temps, un jésuitisme qui n'est au fond qu'un matérialisme travesti et la plus impie des piétés ou le plus pieux des athéïsmes.

C'est la démoralisation à son comble. Et c'est sur cette base de l'esprit public que nos politiques à la petite semaine veulent fonder, en les replâtrant, nos anciennes institutions rajeunies par de séniles réminiscences? Ils se révèlent de la sorte à la hauteur de leurs doctrines. Puis un jour, quand les œuvres de leur ineptie auront imposé les effets qui en dérivent logiquement : la révolution! et que cet état révolutionnaire aura de nouveau tout mis en pièces, ils viendront nous dire que le monde est perdu et que le peuple français est ingouvernable. Dites donc plutôt que depuis un demi siècle les gouvernants, hommes d'État de tous les régimes, sont incapables et ne savent ou que se répéter ou qu'inventer les chimériques utopies de l'insuffisance.

Non-seulement ils sont incapables dans tous les camps et privés du sentiment des nécessités réelles et pratiques de leur époque, qu'ils ne connaissent que par leurs propres intérêts; mais, sont-ils tous de bonne foi? sont-ils patriotiquement désintéressés?

*
* *

Ainsi, en pleine guerre, en pleine défaite, un armistice est accordé. Pourquoi? Pour conclure la paix. Le fait d'un armistice exclut tout autre préoccupation et met ses fins en complète lumière. Ses fins, désignées par le vainqueur, c'est de traiter avec lui. Que lui importe la politique? Notre constitution ne le regarde pas, elle l'intéresse encore moins. Il nous demande des plénipotentiaires pour en finir avec ses rapines. Il ne demande pas à la France des constituants.

Or, en l'absence d'un pouvoir régulier, nul n'avait le droit de dire au suffrage universel qu'il était consulté sur tel ou tel sujet. Ce sont les événements qui ont déterminé le but des élections et les matières qu'elles devaient traiter. Des faits de guerre ne comportaient qu'une délégation pour des faits militaires.

La France, dans cette situation, voulant avant tout et exclusivement la paix, a nommé des représentants pour la paix. Elle ne songea, elle ne pouvait songer à autre chose.

La courte durée de l'armistice, juste le temps matériel nécessaire pour convoquer les électeurs, voter et se rendre à Bordeaux, permettait-elle même au pays de se recueillir, pour savoir s'il y avait d'autres mesures à prendre que celles de cette paix? Et, dans ce cas, quelles seraient ces mesures ? quelles seraient les institutions ? quel serait le gouvernement? Non certes, il n'y pensa pas; il ne pouvait y penser. Il n'y songea pas plus qu'un homme terrassé en pleine nuit, sous le genou de l'assassin et qui sent le froid du poignard vers le cœur, ne s'occupe, s'il en réchappe, à bien dormir dans son lit.

Le pays n'eut qu'un vœu, un seul : la fin de cette ignoble guerre. En nommant des députés, que leur délégua-t-il? Ce qu'il voulait; mais rien que ce qu'il voulait au moment de l'élection. Pût-il déléguer, pour l'exercice de ses droits souverains, ce à quoi il n'avait point réfléchi, ce à quoi même il eût été indécent de réfléchir, quand les armées étrangères et des Prussiens encore, souillaient le sol de la France?

Donner une constitution à un État est chose grave, plus grave que de lui procurer la paix ou que de lui voter des lois. Une constitution, même la meilleure, ne vaudra jamais rien si elle est le fruit d'une usurpation.

Au cours des débats parlementaires, un représentant a eu la naïveté de dire qu'il n'avait pas pris d'engagement, comme candidat, et que par suite il était libre.

D'abord, s'il se fût déclaré constituant et, à ce titre, défenseur du drapeau blanc et d'Henri V, l'un ne va pas sans l'autre, il n'eût pas été nommé. Ce qui le prouve, c'est que trois mois après, un candidat légitimiste est battu dans son département par 35 mille voix contre 14 mille. C'est qu'aucun député légitimiste de ce département, le plus aristocratique de France, n'a pu arriver au conseil général, notre clérical d'Anvers pas plus que les autres.

D'un autre côté, si vous êtes souverains et constituants, Messieurs, vous auriez donc le droit de voter la commune ? Les communards diront oui, la France entière dira non. Si vous n'avez pas ce droit, vous n'avez pas davantage celui de proclamer la république ou la monarchie.

Qu'est-ce alors que notre souveraineté, allez-vous dire ? Nous répondons : il n'y a de souveraine que la nation, et il n'y a de souveraineté réelle dans sa représentation, qu'à la condition que celle-ci soit incessamment en parfait accord avec l'esprit du pays.

Voilà pourquoi, quel que soit le régime, nous demandons des élections tous les ans. Votre renouvellement par tiers ou annuel, rationnel en temps ordinaire, puisqu'il rend la souveraineté nationale permanente, n'est à votre égard que le cinquième ou le tiers d'un remords, ce qui implique le remords entier et devient la négation de vos prétendus droits.

Si vous avez conscience d'être constituants, pourquoi ne constituez-vous pas ? Si vous êtes en accord avec les vœux du pays, messieurs les légitimistes, pourquoi ne pas proclamer Henri V ? Qu'est-ce donc qui vous gêne, puisque vous êtes constituants et souverains ? Ne pas proclamer le roi légitime, quand vous en avez le désir, avec la France qui, si elle chargea des henriquinquistes de constituer, leur délégua par suite le mandat d'établir la monarchie de droit divin, ce qui implique cette opinion dans la nation française — hypothèse qui doit vous faire rire comme nous — peut faire supposer que vous doutez de vos droits et de l'assentiment du pays. Vous croyez donc ne pas représenter l'esprit de ce dernier ? Êtes-vous souverains et constituants dans ces conditions ?

Ne comptez-vous pas plutôt sur l'imprévu que sur vos pouvoirs, par tous ces ajournements du provisoire? Mais, l'anarchie légale que vous nous imposez, pour être paisible, est-elle moins révolutionnaire?

Nommés pour la paix, la paix faite, vous deviez vous retirer. Prenant goût au gouvernement des pompes temporelles, vous supprimez la volonté publique jusqu'à ce que les conditions de cette paix soient remplies. Mais, alors, toute assemblée restera indéfiniment en exercice pour assurer l'exécution des lois qu'elle vote.

Et si, par hasard et par des circonstances imprévues, il fallait dix ans, vingt ans, pour acquitter notre rançon, vous seriez donc légitimement élus pour dix et vingt ans? On voit qu'une pieuse éternité vous est familière.

En restant, vous occupez la place d'une constituante, qui fonderait du définitif et, pour le plaisir d'être quelque chose et ne pas rentrer au hameau, vous condamnez un grand État à n'être rien dans le provisoire.

Vos procédés ne sont pas équitables : ils sont tout simplement anarchiques. C'est du 2 décembre tout pur. Ne criez donc pas tant contre Napoléon III. Il fit carrément un coup d'État, tandis que vous violez jésuitiquement le droit, sous les apparences de la légalité, ce qui est d'un pire effet. C'est de la révolte sans le courage de l'insurgé.

Or, une assemblée souveraine pour la paix, c'est-à-dire pour un objet spécial, et l'armistice qui provoque les élections en spécialise le but, n'est pas souveraine au point d'être dans son droit en se déclarant constituante. Si elle a ce droit, il reste le même pour que, si cela lui plaît, elle conserve à vie son mandat et le rende héréditaire dans ses familles. L'abus n'a pas de limites.

Constituer est un acte spécial, dans l'ordre des délégations politiques, qui exige un mandat essentiellement isolé et défini quant à ses fins. Et, de ce qu'il n'y avait pas de gouvernement régulier au moment des élections, pour définir ce qu'elles devaient produire, ce n'est pas une raison pour qu'un mandat, né d'un armistice, comporte implicitement les pouvoirs nécessaires pour octroyer un régime politique quelconque.

Il serait loisible de dire qu'il y a surprise, ce qu'il faut éviter. On pourrait même prétendre que la majorité de l'assemblée ne représente qu'une infime minorité du pays, et voici pourquoi. Au moment des élections, comme à tout prix le peuple voulait la paix, les opinions libérales devinrent suspectes, et l'on se porta surtout vers les opinions réputées réactionnaires, c'est-à-dire légitimistes, même orléanistes, qui offraient plus de garanties pour en finir avec la guerre. Les élections ultérieures ont confirmé cette appréciation.

L'assemblée actuelle peut-elle dire dès lors qu'elle représente la volonté constituante de la nation? Non. Cette volonté ne s'est pas manifestée. Le jour où elle se manifestera, il ne saurait entrer dix légitimistes dans la Chambre.

On ne représente une volonté voulue, sur un objet déterminé, tel qu'une constitution, que par un mandat spécial. Or, l'assemblée actuelle ne possède pas ce mandat. En user, ce serait usurper.

Est-ce la bonne foi de nos représentants qu'il faut accuser, leur patriotisme ou leur insuffisance? Ce n'est rien de tout cela et c'est pire.

C'est la conscience de leurs droits et de leurs devoirs qui est en défaut, et ce défaut est celui de toute époque matérialiste. Ils sont comme nous tous : ils ne valent ni plus, ni moins. Pour le matérialisme, il n'est pas de devoirs. L'on ne doit rien à personne et l'on doit tout à soi. En fait de droits, plus l'homme absorbe en lui-même, plus il accumule sur sa personnalité pouvoir, honneurs, jouissances, domination; plus il supprime autrui à son profit, plus il reste dans la rigueur des principes et nos passions s'accommodent assez d'une logique pareille.

Lancée sur cette pente, l'humanité devient une hideuse plaie; mais Dieu a imprimé au cœur de l'homme un caractère si indélébile de sa grandeur originelle, que, malgré les principes et l'attrait de leur relâchement; malgré les sordides instincts de la négation, nous tombons tous dans l'inconséquence, pour nous garer de la dépravation à laquelle nous portent nos secrètes doctrines.

Dans cet état de fluctuation, sans règles pour le bien, pourvus de règles mathématiques qui nous sollicitent au mal, le mal et le bien ne se font qu'à demi, et la main de Dieu reste visible au-dessus du monde, quoique l'esprit du temps nie son existence.

Le juste, l'utile, l'indispensable, c'est moi! ainsi raisonne l'individualisme dans la vie privée comme dans la vie publique. De là, toutes les intrigues, toutes les compétitions, tous les partis, toutes les morales, toutes les révolutions, toutes les duperies, toutes les usurpations. Et, cela, de la meilleure bonne foi possible. En effet, en l'absence de principes universels, il n'est que des règles privées de conduite. Or, chacun devenant le législateur absolu de sa conscience, l'on conçoit que chacun se passe de gendarmes.

Voilà quatre-vingts ans que nos divers régimes ne s'implantent en France qu'en vertu de pouvoirs usurpés. Cette usurpation naît de l'emploi de la violence par Napoléon Ier; de l'intervention honteuse des armées étrangères en 1815; de la nomination d'un roi, en 1830, par des députés de la restauration; de l'émeute dans les carrefours de Paris en 1848; du parjure d'un coup d'État en 1851; de l'abdication, par suite d'une capitulation déshonorante, en 1870. A cette heure, nous sommes en pleine curée. Quelle sera l'ineptie nouvelle qui s'emparera du gouvernement, toujours en l'absence de la nation, qui ne compte jamais que pour être exploitée?

*
* *

Tous les régimes que nous venons d'énumérer se valent, et ne valent pas mieux les uns que les autres. Il n'y avait pas de sérieuses raisons pour en changer. Ils se succèdent et se répètent fidèlement. A quoi bon les chasser? A quoi bon les reprendre?

Quant aux hommes de ces diverses métamorphoses du vide, ils sont égaux entre eux. Sous le coup d'une responsabilité réelle et devant une grande tâche, les caractères se transforment généralement. Dès lors, avec les mêmes talents, même bonne foi dans les idées, même patriotisme dans les cœurs, égale générosité dans le but. Mais il faut ajouter : égale insuffisance.

Tous ces hommes sont insuffisants, malgré leur valeur incontestable et leur bonne volonté, parce que, sous divers noms, ils ont toujours affaire au même gouvernement. Ce ne sont donc pas les hommes politiques qu'il faut blâmer dans leurs échecs successifs, ce sont les institutions gouvernementales qui sont vicieuses et que ne cessera de battre en brèche la matière gouvernable, tant que ses rapports avec le Pouvoir n'auront pas subi des remaniements complets.

Ce qui étonne, c'est que le fait accompli, quel qu'il soit, se trouve toujours si facilement accepté en France, et qu'on subisse ensuite tout aussi aisément son action impulsive, sans faire en sorte de la dominer pour la conduire dans le vrai sens des intérêts communs. Le Pouvoir chez nous est absorbant, il absorbe et l'on se laisse absorber.

Pourquoi cela? Parce que dans notre pays il n'existe pas d'opinion publique. Il n'y a que des opinions de partis, après les opinions d'intérêt privé. Quant aux opinions personnelles, il ne faut en rien dire : en ce moment et depuis longtemps, c'est la matière qui fait l'homme et qui le remplace.

Et, chose singulière, c'est quand l'homme redevient lui-même, c'est quand il abandonne la matière pour remonter aux principes et à la vie morale, qu'il accomplit ses révolutions périodiques. Si ces révolutions sont aussitôt paralysées, c'est que la cause agissante n'est que passagère et que le milieu physique, dans lequel elle se meut, lui est absolument étranger et matériellement hostile.

Il ne faut donc pas s'étonner si le fait accompli s'impose si facilement chez nous. Il trouve toujours son appui sur l'opinion qui naît de la matière, et celle-ci est capable de toutes les défaillances, de tous les compromis, de toutes les servitudes.

Mais, hâtons-nous de le dire, la trace de Dieu ne se perd jamais. Il est en ce moment dans le monde une des plus rares personnalités de l'histoire par le désintéressement des convictions, l'abnégation dans la foi, la résolution dans le plus pur des dévouements politiques. M. le comte de Chambord, que nous repoussons comme principe et comme souverain, est à nos yeux le citoyen modèle. Grandeur de caractère, noblesse de cœur, soumission en soi des intérêts matériels aux intérêts moraux; une couronne, celle de France, sans crédit sur les austérités de la conscience; repousser le Pouvoir s'il arrive altéré, s'il n'est conforme aux traditions de l'héritage, ce n'est guère de notre temps, et voilà l'homme! Il est tout naturel de ne point partager les convictions du Prince, de les considérer même comme un péril pour le progrès; mais tout en admirant ses viriles vertus, si hautement tranchées dans la paralysie morale de notre époque. Que de pureté d'âme jetée dans un égout d'intrigues, qui fermentent une restauration.

Or, par vos restaurations, Messieurs, vous suspendez de nouveau le pays sur le gouffre de plus en plus bouillonnant des révolutions.

Quand la croyance est sincère, qu'elle porte à faux ou qu'elle soit fondée, voyez les hommes qu'elle produit.

Henri V fait mieux qu'Henri IV. Il veut arriver entier. Bardé de fer, avec le panache blanc en tête, il impose sa foi politique et religieuse à la France du dix-neuvième siècle, ou ne veut rien et préfère l'exil. L'émancipation de soi, la première des libertés, celle que nous demandons avant tout, comme il la caractérise. Et que de nains, dans tous les rangs et dans tous les partis, dans la sphère civile comme dans la sphère publique, à côté de cette grande physionomie déjà empreinte des reflets de la vie éternelle.

De telles exceptions sont consolantes pour le penseur honnête, qui juge au point de vue des principes immuables, non à travers les mesquines concupiscences d'un orgueil aussi avide qu'impuissant.

L'opinion publique, le premier de tous les leviers sociaux dans l'avenir et le frein le plus efficace, naît d'une certaine abnégation, capable d'émanciper assez de soi pour que, dans l'intérêt d'autrui et dans notre intérêt propre, nous pesions des droits impersonnels, non des priviléges individuels.

Eh bien ! il n'est pas d'abnégation, par suite de vraie liberté, dès lors d'opinion publique, sans une croyance morale fondée en Dieu, sur l'âme, dans l'espoir d'une autre vie.

Or, qu'une foi profonde pénètre les cœurs, par l'esprit, sous l'impulsion de la science, l'opinion publique devient un pouvoir immense et souverain, qui remplace en partie les institutions; qui supprime la vie propre et distincte des gouvernements; qui remanie de fond en comble les rapports du principe d'autorité avec l'élément gouvernable; qui rend les révolutions impossibles par l'impossibilité des usurpations; qui grandit assez, non pas précisément le pouvoir, mais l'homme et la société pour que tout régime pénal devienne superflu, la liberté individuelle désormais inviolable, surtout en soi, et le magnifique système de M. de Girardin sert naturellement de base à un ordre de choses nouveau, fondé sur la mutualité, par voie d'association volontaire des personnes comme des intérêts.

Vous avez alors une société nationale. Nous n'avons aujourd'hui qu'une anarchie légale, qu'une grande bataille d'intérêts, groupés par l'attrait de la lutte et les chances de butin. Le lien actuel est le besoin d'usurper en tout. Le lien futur est la réciproque garantie des profits et pertes. L'association remplacera l'asservissement, et la protection l'exploitation.

Par-dessus tout, il faut se détacher de la matière pour monter à l'esprit. La matière nous aveugle de toutes parts, il est vrai, sur notre globe et dans l'espace où roulent des océans de mondes; mais, plus elle paraît être toutes choses, plus grand est cet infini moral qui la déborde, et qui peut la dompter assez pour soumettre ses lois aveugles aux lois de l'existence. Est-ce que ce prodige de l'invention de l'être terrestre ne met pas en complète lumière, à vos yeux, l'abîme qui sépare le chaos de ce qu'il y a de voulu dans la science, cette image sublime de l'infini saisissable?

La meilleure manière d'analyser M. de Girardin, c'est de le citer par fragments, qui permettent de suivre la logique de ses idées.

L'ouvrage dont nous voulons rendre compte : ***Du Droit de Punir,*** et concluant à l'impunité, est la dernière production de notre illustre ami. Cette œuvre, à première vue, paraît être fort excentrique, et, cependant, elle est le dernier et rigoureux anneau d'une chaîne où tout se lie intimement et dans les conditions de la plus vulgaire pratique. Ce sont les errements de l'industrialisme privé, dans l'ordre social, élevés à la puissance d'institutions nationales.

Si donc une excentricité ressort du parallèle entre les modes du régime politique actuel et le mode nouveau, proposé par l'école Girardin, nous sommes en droit de dire que cette excentricité est bien plutôt l'apanage des routines anciennes que le privilége de nos innovations. Novateur ne veut pas toujours dire rêveur. Que le domaine religieux exclue le penseur du novateur et en fasse un utopiste, cela se conçoit : il déclare la guerre au progrès ; mais le progrès, qui doit se faire et qui se fait, saurait-il s'accomplir sans innover?

Le principe de la liberté absolue, proclamé par M. de Girardin, arrivant jusqu'à l'impunité, nous choisissons de préférence cette partie extrême, cette dernière limite de ses doctrines, qui doit être la plus vulnérable, puisque l'inconséquence est le propre de l'exagération, afin qu'on puisse juger, dans les plus mauvaises conditions, et le penseur, et le novateur, et la grandeur du cadre des progrès possibles !

Maintenant, que notre éminent ami entre en matière. Notre approbation n'est ni aveugle ni servile. Nous avons constaté en lui une lacune grave : la formation du citoyen par les intérêts matériels, tandis qu'avant tout nous voulons voir l'homme acquérir tout son développement par la croyance. Nous reprendrons dès lors la parole après M. de Girardin.

*
* *

« Si la liberté est indivisible, de quel droit, après avoir effacé la limite tracée entre la liberté de penser et la liberté de dire, laisserais-je subsister la limite tracée entre la liberté de dire et la liberté de faire?

Ce qui est indivisible par essence ne saurait être divisé par nécessité.

» Si la liberté de penser implique la liberté de dire, la liberté de dire implique la liberté de faire. Admettrai-je donc la liberté de mal faire ? Et pourquoi ne l'admettrais-je pas si, après avoir admis la liberté de mal penser, j'admets la liberté de mal dire ? Mais alors que devient la société?

» Ce qui est condamné dans un temps ne l'est pas dans un autre temps. Ce qu'un pays défend, un autre pays ne le défend pas. Ce que des religions sanctifient, des religions différentes le réprouvent. Ce qui est un crime sous un nom cesse de l'être en changeant de nom. Puisque la société admet comme des maux auxquels elle doit se résigner le meurtre et le vol collectifs, glorifiés sous les noms de guerre et de conquête, pourquoi n'admettrait-elle pas, au même titre, le meurtre et le vol individuels flétris sous les noms de crime et délit? Est-ce que le meurtre et le vol individuels ont jamais fait couler autant de sang et causé autant de ruines qu'ont causé de ruines et fait couler de sang le vol et le meurtre collectifs, auxquels cependant les nations dressent des arcs de triomphe? Si la guerre et la conquête n'avaient jamais existé et n'existaient pas encore, l'esprit concevrait-il qu'elles fussent compatibles avec l'état de société? Assurément non. Cependant ce qui serait invraisemblable est vrai. Ceci m'amène à penser et à prétendre que, si le meurtre et le vol demeuraient impunis, la société vivrait avec eux comme elle vit avec la guerre et la conquête. Il suffirait que cela fût pour que cela lui parût simple, comme il lui suffit que cela ne soit pas pour que cela lui paraisse monstrueux.

» Je le crois et je l'affirme : le jour où la guerre et la conquête auront fermé leurs écoles de meurtre et de vol et cessé de fausser la logique humaine, meurtriers et voleurs, à l'état individuel, deviendront si rares, que la pénalité à la source de laquelle ce livre remonte se tarira d'elle-même.

» Pouvant gagner par le travail plus qu'il ne gagnerait par le vol, pourquoi un homme ayant été contraint, non plus d'apprendre dans la caserne d'une grande ville l'art de tuer son semblable, mais d'apprendre dans l'école de sa commune à lire et à écrire, à raisonner et à compter, volerait-il ?

» Si le vol n'était pas puni, ce qu'aurait impunément dérobé le voleur pouvant lui être impunément dérobé, quel avantage aurait-il à voler?

» Aucun, absolument aucun, puisqu'il n'aurait volé à plus faible ou moins adroit que lui que pour être volé, à son tour, par plus adroit ou plus fort que lui.

» Ce serait de l'ineptie.

» Qu'il soit clairement démontré par la logique, par l'arithmétique, par l'instituteur, que le vol c'est l'ineptie, et l'évidence ne tardera pas à combattre le vol plus efficacement que ne le combattaient la justice, la prison et le geôlier.

» Le plus souvent le vol étant au meurtre ce que

la cause est à l'effet, si le vol cessait d'alimenter le meurtre, que deviendrait le meurtre, hormis certains cas de délire ? Il deviendrait ce que devient le cours d'eau dont la source s'est tarie ; il deviendrait ce que devient la plaie qui se sèche et se ferme. Il disparaîtrait. Donc, pour rendre le meurtre de plus en plus rare, ce qu'il faut faire, c'est l'écraser dans son œuf qui est le vol, comme pour rendre le vol de moins en moins fréquent, il faut l'étouffer dans ses germes, qui sont l'ignorance, la misère, le vagabondage. Peut-on rendre le vagabondage impossible? Assurément. Peut-on détruire l'ignorance? Cela n'est pas douteux. Peut-on vaincre la misère en commençant par la séparer en misère imméritée et en misère méritée, puis en misère accidentelle et en misère héréditaire et invétérée? Ma conviction profonde à cet égard est que pour gagner certainement la bataille, il suffirait de la livrer résolument en regardant devant soi et non en arrière de soi.

» Si les idées dans lesquelles je puise cette triple assurance ne sont pas des erreurs, je suis donc fondé à assimiler la liberté de faire à la liberté de dire, au même titre qu'il y a déjà tendance générale à assimiler la liberté de dire à la liberté de penser.

» Ces trois libertés n'en faisant qu'une seule sont inséparables, et il est heureux qu'il en soit ainsi.

» Je vais le démontrer.

» Comment la liberté de penser, quand elle s'égare,

le saurait-elle sans la liberté de dire qui lui montre son erreur? Comment la liberté de dire, quand elle tombe dans l'inconséquence, s'en apercevrait-elle sans la liberté de faire par laquelle cette inconséquence s'atteste? L'acte est aussi nécessaire à vérifier la parole que la parole est nécessaire à vérifier la pensée. Que ces trois libertés : liberté de penser, liberté de dire, liberté de faire, s'exercent concurremment, conjointement, pleinement, et l'homme dont la raison aura été exercée par le raisonnement ne sera pas plus libre de mal faire qu'il ne sera libre de mal dire ou de mal penser. Ce n'est jamais volontairement que, soit en pensée, soit en parole, soit en action, l'homme donne la préférence à ce qui est faux sur ce qui est vrai, à ce qui est réputé mal sur ce qui est réputé bien; non, ce n'est jamais volontairement qu'il s'ôte la raison. Désapprendre ce que la logique démontre quand on a appris à raisonner, n'est pas plus facile que de désapprendre que 2 multiplié par 2 égale 4, lorsqu'on sait l'arithmétique. L'homme qui sait compter, voulût-il se persuader que 2 multiplié par 2 égale 5, qu'il n'y parviendrait pas. Ce qu'il faut donc lorsqu'on veut faire l'homme à l'image de la civilisation, c'est le prendre et le conduire par le frein qui est en lui. Ce frein, ce n'est pas la douleur qui irrite, ce n'est pas la crainte qui abaisse; non, ce frein, c'est la raison qui élève. La société qui punit l'homme excède son droit; la société qui ne l'instruit pas manque à son devoir. Ne punissez plus l'homme, instruisez-le, et le milieu social qui est trouble ne tardera pas à devenir limpide. Alors des inconséquences et des incohérences qui ne se voient pas, ou qui ne blessent pas le regard habitué à n'y faire aucune attention, apparaîtront dans toute leur évidence. Alors ce sera par la transformation de la société que s'opérera la réforme de l'homme. Cette transformation, quelle sera-t-elle? Elle sera ce que la logique prescrira qu'elle soit, pour que le règne de la liberté indivisible soit le règne de la raison humaine. Là n'est pas encore la question ; la plus urgente serait de savoir comment s'accomplira cette transformation. S'accomplira-t-elle violemment par la voie brusque d'une révolution commençant par être politique et ne tardant pas à devenir sociale, ou s'accomplira-t-elle scientifiquement par la voie lente de transitions progressives ? Mon avis est qu'une révolution déchaînant tout à coup les exigences les plus folles, les colères les plus aveugles, les idées les plus fausses, compromettrait cette transformation et ne l'opérerait pas. Ce qu'il faut donc souhaiter, c'est qu'elle s'opère par voie de transitions. Mais quelles devront être ces transitions? C'est ce qu'il s'agit de chercher. Celles que j'indique n'ont la prétention d'être ni les seules ni les meilleures. Ce qu'elles se proposent modestement, c'est de montrer le but à atteindre et de donner l'élan. Dès que la nécessité qui se cachait aura apparu à tous les yeux aussi impérieusement qu'elle apparaît aux miens, le nombre des transitions que fera naître la controverse sera tel qu'il n'y aura bientôt plus entre elles que l'embarras du choix. La justesse d'une idée est indépendante de ses moyens d'application. Ils peuvent être faux et défectueux sans que leur imperfection soit une preuve qu'elle n'est pas juste. Il n'a pas suffi de reconnaître que la vapeur était une force pour trouver immédiatement le secret de la dompter, de l'utiliser et d'en faire la plus grande puissance moderne, la puissance presque incommensurable de la découverte de laquelle datera le monde nouveau, le monde de la liberté par la science. Jusqu'à ce que la vapeur ait enfin trouvé les maîtres auxquels il ne lui a plus été possible d'échapper, par des explosions si fréquentes, qu'elles faisaient mettre en question son utilité comparée à ses dangers, que d'efforts infructueux il a fallu entreprendre, que d'essais périlleux il a fallu tenter, que de doutes il a fallu vaincre, que de railleries il a fallu braver, que de persévérance et de courage il a fallu amasser et dépenser ! Admirable preuve que jamais obstacles et périls ne sont trop grands, car c'est sur eux que se mesure le génie de l'homme ; ce sont eux qui l'inspirent. Qu'une chose paraisse impossible, et si ses regards sont attirés sur elle, il ne prendra pas de repos qu'il n'ait prouvé qu'elle ne l'était pas. Il ne faut donc pas craindre de le défier ! On ne le défie pas assez. Presque toujours les tâches qui lui sont données sont trop petites et trop faibles pour l'envergure de ses ailes. Osez affirmer que l'homme, frère de l'homme, n'a pas le droit de punir son semblable et son égal ! Osez affirmer que si la société a le droit de se protéger, ce droit, elle ne l'a pas par les moyens barbares qu'elle emploie et qui lui nuisent plus qu'ils ne lui profitent, qui la menacent plus qu'ils ne la protégent ! Osez affirmer que, pour empêcher l'idiot ou l'insensé d'être meurtrier ou voleur, il y a, il doit y avoir mieux à faire que d'ajouter à cette lie la lie du geôlier et du bourreau ! Le premier sentiment qu'éveillera l'audace de cette affirmation, ce sera l'incrédulité, puis l'incrédulité s'effacera pour faire place à la réflexion, laquelle engendrera les objections, qui, à leur tour, engendreront les solutions.

» Et lorsque la société vivra sans geôliers et sans bourreaux, avec moins de meurtriers et de voleurs, cela lui paraîtra aussi simple qu'il lui paraît simple maintenant d'exister sans les esclaves et sans les serfs, dont elle a prétendu pendant des siècles qu'il lui était absolument impossible de se passer.

» La liberté avait conquis *le droit de penser* et à peu près conquis *le droit de dire et d'imprimer ce qu'elle pense ;* elle était incomplète, il manquait à sa plénitude *le droit de faire,* sans autre limite que la raison exercée par le raisonnement.

» C'est ce droit dérobé que j'ai voulu lui rendre, en enlevant à l'esclavage humain son dernier anneau.

» Si le succès, si lointain qu'il soit, couronnait mes efforts, quelle plus glorieuse tâche aurait jamais été accomplie ! »

*
* *

« D'accord avec la législation romaine et avec la législation grecque, Beccaria admet pleinement le droit de l'homme de punir corporellement l'homme, son égal ; ce droit, Beccaria l'admet au nom de l'utilité commune ; d'accord avec la législation future et la science moderne, c'est au nom de l'utilité plus encore que de la justice que je le nie hautement.

» Ce que j'entreprends de démontrer, c'est qu'ayant pour instruments la prison et l'échafaud, le geôlier et le bourreau, moins peut-être le bourreau que le geôlier, la pénalité corporelle a été et est encore le plus grand obstacle que la civilisation ait rencontré dans son cours.

» Sans la pénalité corporelle, cette usurpation de l'homme sur son semblable ; sans la pénalité corporelle, ce fondement de toutes les dominations ; sans la pénalité corporelle, cette brutalité de l'ignorance s'arrêtant aux effets et ne remontant pas aux causes, que de maux faussement considérés comme inhérents à la nature humaine eussent disparu, et que de progrès sociaux se fussent accomplis depuis longtemps !

» Hormis le cas étroitement limité de légitime défense, la société ne reconnaît pas à l'homme le droit d'en punir un autre.

» Si l'homme n'a pas le droit de punir, à quel titre la société l'aurait-elle et l'exercerait-elle?

» Si la société le tient de Dieu, que d'abord elle démontre l'existence de Dieu, et qu'ensuite elle justifie que Dieu lui a délégué ce droit!

» Si la société ne le tient que d'elle-même, qu'elle dise, si elle l'ose, comment elle l'a exercé, comment elle en a légitimé la possession par l'usage?

» Si cet usage n'a été qu'un long et cruel abus plus profitable à la barbarie et à l'oppression qu'à la civilisation et à la liberté, sur quoi se fonderait sa légitimité?

» Cette légitimité, rien ne l'atteste; cet abus, tout le constate. Il n'est pas une page de l'histoire qu'il n'ait maculé de sang. Qu'est-ce que l'histoire, sinon le sanglant martyrologe des innombrables victimes immolées par l'ignorance, la superstition, la tyrannie, la cruauté, l'iniquité armées du droit de punir?

» Si ce doute que je hasarde est une injure faite au passé, si le droit de punir est légitime, s'il se justifie par ses arrêts et s'il me condamne par ses services, ressuscitez de vos tombes et déclarez-le, vous, les immortels coupables, au premier rang desquels est Jésus-Christ, surnommé le Divin Sauveur après avoir été supplicié!

» Selon Hobbes, Locke, Grotius, Vattel, Jean-Jacques Rousseau et Beccaria, punir ne serait pas seulement un usage; punir serait un droit qui aurait pour origine et pour fondement un contrat formé entre les hommes se mettant en société. S'il en est ainsi, je demande, en qualité de partie contractante, à voir le contrat qui m'engage et à vérifier la signature de mes auteurs.

» Demande inutile! La rédaction d'un prétendu contrat social engageant à perpétuité les générations successives sans tenir compte ni des conquêtes alternatives, ni des dominations étrangères, ni des usurpations tyranniques, ni des révolutions populaires, est une hypothèse du dix-huitième siècle que le dix-neuvième a renversée.

» Selon Blackstone, Richard Philipps, Romagnesi, Carmignani, le droit de punir tirerait sa légitimité du droit de légitime défense. Si l'on veut que je reconnaisse le droit de légitime défense, qu'on ne le dépouille pas de son nom et qu'on n'en change pas la nature! Hormis le cas de guerre civile, le droit de légitime défense est un droit exclusivement personnel. Pourquoi l'avoir converti en droit impersonnel. Pourquoi l'avoir transporté de l'individu à l'État? Pour empêcher l'individu d'en abuser! — Mais l'abus qu'en aurait fait l'individu aurait-il jamais pu égaler l'abus, l'immense abus que l'État en a fait sous tous les prétextes imaginables? Est-ce que le droit de légitime défense n'était pas de lui-même étroitement limité, puisque, pour se défendre, il fallait que l'individu eût été attaqué? Je suppose que l'État ne se fût pas substitué à l'individu, je suppose que l'État n'eût pas commis, sous ce nom : « *droit de punir* », l'usurpation qu'il a hypocritement consommée, que fût-il arrivé? Il fût arrivé que le droit de légitime défense se serait perfectionné sans cesse et n'eût jamais excédé ses bornes; il fût arrivé qu'une multitude de crimes et de délits imaginaires, donnant lieu à des peines imméritées mais réelles, n'eussent pas été inventés pour servir de masques menteurs aux visages hideux des plus féroces tyrans, osant effrontément prétendre qu'ils défendaient la société alors qu'ils outrageaient l'humanité, alors qu'ils la noyaient dans le sang, alors qu'ils ne faisaient qu'assouvir leurs plus mauvais instincts, pervertir leur pays et détourner de son cours la civilisation.

» Selon Beccaria, de Broglie, Rossi, le droit de punir tirerait sa légitimité du droit de défense sociale. Pour que je pusse admettre comme vraie cette allégation sans preuves, il faudrait que ses auteurs m'eussent préalablement démontré que la société est efficacement défendue par le droit de punir, et que ce droit est plus une garantie qu'un péril. C'est ce que j'ose contester, c'est ce que j'ose nier, lorsque je compare le faible risque d'être volé, d'être assassiné que je courrais[1], s'il n'y avait ni geôliers ni bourreaux, à l'immense risque d'être tué, pillé et surtout tyrannisé que je cesserais de courir, s'il n'y avait plus ces innombrables armées qui incitent à la guerre, à la conquête, au despotisme; car si elles n'y aboutissaient pas fatalement, à quoi serviraient-elles et qu'en ferait-on? Qu'on supprime le recrutement obligatoire, qui m'arrache à l'affection de ma famille, à l'exercice de ma profession; qu'on ne m'envoie plus me faire massacrer ou mutiler loin de ma commune; qu'on ne m'empêche plus de dire, d'écrire, d'imprimer ce que je pense; qu'on me laisse toute la liberté de réunion et d'association dont jouissent l'Américain, l'Anglais, le Belge, le Suisse et même l'Allemand et l'Italien; que mon argent compté au percepteur se convertisse en rails et non plus en canons, en écoles et non plus en prisons; qu'on fasse pour tarir le crime dans sa source, pour l'étouffer en germe dans son œuf, tout ce qu'on peut, tout ce qu'on doit faire, et je consens volontiers à prendre à ma charge toutes les précautions que me dictera la prudence pour me garder des assassins et des voleurs.

» Améliorez les choses sans relâche et sans fin, et vous arriverez à n'avoir plus besoin de punir les hommes. La pénalité est l'oreiller sur lequel s'endort la société. Le milieu social est vicieux : qu'elle le change! Qu'elle s'interroge et se demande s'il n'y a rien de vrai dans ces paroles de Thomas Morus :

» Que faites-vous donc? — Des voleurs, pour avoir le plaisir de les pendre.

» Le meurtre et le vol sont des risques; il faut s'efforcer sans relâche de les diminuer. Est-ce là ce que fait la société lorsque, pour échapper aux risques les plus petits, elle s'expose aux risques les plus gros? Si la défense sociale doit être placée ailleurs que dans l'exercice du droit de punir, si ce n'est pas en elle qu'il puise sa légitimité, d'où la tire-t-il donc?

» Selon Leibnitz, Joseph de Maistre, le droit de punir, sanctifiant les moyens par la fin, tirerait sa légitimité de la source réputée divine de l'expiation.

» Sur quoi la société se fonde-t-elle pour prétendre faire à sa mobile image et à son étroite mesure l'humanité immuable et immense? Quels sont les titres de la société pour substituer ses lois aux lois de la nature? A quelles études approfondies de l'homme la société, avant de le juger, de le condamner et de le punir, s'est-elle livrée? De quelle époque date la science anthropologique? Où cette science fondamentale en est-elle? De quels moyens dispose-t-elle? Jouit-elle de toute la liberté qui lui serait nécessaire pour porter tous ses fruits, sans crainte de voir l'arbre coupé jusque dans ses racines par l'intolérance légale? S'il y a des hommes qui naissent moralement difformes, comme il y en a qui naissent difformes physiquement; s'il y a des idiots et des incorrigibles de naissance, comme il y a des aveugles, des sourds-muets, des bossus et des culs-de-jatte de naissance; si les difformités morales existent dans l'humanité au même titre que les difformités physiques, sans que l'homme soit plus responsable des premières que des secondes, que devient et que vaut la doctrine de l'expiation fondée sur le libre arbitre? La société, cet établissement orthopédique de l'humanité, s'est-elle jamais posé cette question? S'est-elle jamais demandé sur quoi reposait sa théorie du bien et du mal? S'est-elle jamais demandé si ce qu'elle appelait le mal relativement au bien, n'existait pas dans l'humanité au même titre que la laideur relativement à la beauté, ou que l'ombre relativement à la lumière? S'est-elle jamais interrogée pour savoir si elle ne glorifiait pas dans l'État, sous les noms de victoire et de conquête, ce qu'elle flétrissait et punissait dans l'Individu sous les noms de meurtre et de vol? Qu'est-ce que la guerre, si ce n'est l'école de tous les crimes et de tous les excès? Qu'est-ce que le service militaire obligatoire, si ce n'est l'instruction obligatoire du meurtre, sous peine, à qui refuserait de tuer son semblable, d'être fusillé? Tuer un homme et lui voler l'argent qu'il possède est un acte criminel puni par la justice. Tuer cinq cent mille hommes et leur voler le sol sur lequel ils étaient nés est un acte glorieux, immortalisé par l'histoire! A-t-on ouvert le cerveau humain pour vérifier si entre le meurtre et le vol glorifiés et le meurtre et le vol qualifiés, il y a une séparation qui empêche la confusion et mette à l'abri de la méprise la logique laissée par l'ignorance à l'état brut et primitif? Sait-on exactement comment la logique sauvage opère sous la pression de certains faits extérieurs, tels que le vol à main armée se nommant la conquête, et le massacre en masse se nommant la gloire? S'est-on rendu compte des conclusions que peut en tirer l'inculte et rigoureuse logique, abandonnée à elle-même, à elle seule? Si dans ses lois positives la société a mis l'inconséquence, l'homme dans la tête duquel l'inconséquence n'est pas entrée par l'instruction est-il punissable de n'être pas inconséquent, et la logique est-elle un crime qu'il doive expier? Si la société juge et punit le meurtre et le vol d'individu à individu, qui jugera et qui punira la société, qui fut et qui est encore le vol d'État à État et le meurtre de peuple à peuple? Si l'individu ne doit pas échapper à l'expiation, à quel titre la société, plus coupable encore, y échapperait-elle? L'expiation est un mot vide d'où rien ne peut sortir; l'expiation n'est pas une source divine de laquelle d'écoule le droit de punir. Expier, c'est réparer. Hormis le cas où le voleur, arrêté à temps, est contraint de restituer ce qu'il a dérobé, la peine ne répare pas. La liberté qu'on enlève au voleur ne rend pas au volé l'argent qui lui a été pris, si cet argent a été dépensé. La vie qu'on ôte à l'assassin ne rend pas la vie à la victime.

» Selon M. Cousin et M. Guizot, le droit de punir tirerait sa légitimité de la justice. Pour qu'il fût vrai que la justice soit le fondement véritable de la peine, il faudrait que la justice fût une, il faudrait que la justice fût universelle, éternelle, immuable? Est-elle immuable? est-elle éternelle? est-elle universelle? est-elle une? L'histoire est là pour attester le contraire et dire que des actes qui étaient punissables ont cessé de l'être, et que des actes qui sont encore punissables en certains pays ne le sont plus ou ne l'ont jamais été en d'autres pays. L'Europe, pour ne parler que d'elle, a certainement condamné à la peine de mort plus d'innocents qualifiés hérétiques et sorciers, qu'il n'a jamais été et qu'il ne sera peut-être jamais condamné à la même peine de coupables qualifiés meurtriers. L'Europe, maintenant, ne croit plus aux sorciers et laisse vivre en paix les hérétiques; mais elle croit encore aux journalistes, mais elle croit encore aux prétendus crimes et délits de l'expression de la pensée, mais elle continue de les poursuivre et de les condamner. Que faut-il penser de la justice qui brûlait les hérétiques et les sorciers? Que faut-il penser de la justice qui punit les penseurs de la même peine que les voleurs? Que faut-il penser de la justice qui a condamné, supplicié, tué, crucifié, brûlé, roué, écartelé, mutilé, flagellé, emprisonné ou exilé les plus grands philosophes, les plus célèbres écrivains, les plus illustres savants? Que faut-il, enfin, penser de la justice qui s'écrit dans les lois? La justice est l'expression de la société, mais la société n'est pas l'expression de l'humanité. La justice est un mot dont le sens varie selon que la civilisation a plus ou moins de respect pour l'inviolabilité de la vie humaine et de la liberté humaine; par lui-même le mot *justice* ne signifie rien. Dire que la punition est une forme de la justice, c'est dire un non-sens, puisque la justice sociale peut être la forme de l'iniquité humaine et le masque de la barbarie.

» Rendre le mal pour le mal, c'est l'imiter, c'est l'absoudre; il n'y a qu'une manière de le combattre et de le condamner, peut-être même de le tarir, c'est de rendre le bien pour le mal; précepte évangélique qui, s'il eût été suivi, eût donné naissance à une société vraiment nouvelle et eût changé la face de l'ancien monde. Mais, je le demande, en quoi le monde chrétien diffère-t-il du monde païen? N'est-ce pas le même arbitraire dans les lois positives faussant les nois naturelles? N'est-ce pas la même ignorance qui prend l'effet pour la cause et la peur pour le danger? N'est-ce pas le même esprit d'inconséquence qui flétrit l'assassinat et le vol et qui glorifie la guerre et la conquête? N'est-ce pas le même mépris de la richesse pour la pauvreté, de l'oisiveté pour le travail et de la force pour la liberté? N'est-ce pas la même soif de domination perpétuant les mêmes abus et les mêmes résistances? Ne sont-ce pas les mêmes abus érigés en droit et les mêmes erreurs érigées en vérités? Quels sont les principes que le monde chrétien n'ait pas empruntés au monde païen? A-t-il cessé d'avoir des geôliers et des bourreaux? A l'esprit de domination a-t-il fait succéder l'esprit de fraternité? Au châtiment qui flétrit a-t-il fait succéder la miséricorde qui pardonne? Aux ténèbres a-t-il fait succéder la lumière? A l'ignorance a-t-il fait succéder l'instruction? A l'erreur a-t-il fait succéder la vérité? A l'iniquité a-t-il fait succéder la justice? A la misère imméritée a-t-il fait succéder le bien-être général comblant le gouffre qui existe entre elle et le luxe héréditaire? A la compression et à la répression de la perversité a-t-il fait succéder l'étude et l'observation de l'homme, qui eussent exactement appris quelle part dans les crimes commis il est juste de faire à la volonté humaine et à la responsabilité personnelle ? Enfin, à l'inconséquence a-t-il fait succéder la logique dont la conscience devrait être la voix intérieure, l'accord parfait entre la raison des hommes et leurs actes ? Est-ce que de tous les enfants qui naissent la société vigilante s'applique à tout prix à faire des êtres qui raisonnent et qui raisonnent juste, afin de détourner d'elle les périls que lui font courir les êtres qui ne raisonnent pas ou qui raisonnent à faux ?

» Le sceau de la légitimité manquant au droit de punir, qui ne se justifie ni par son origine ni par sa fin, qui n'est ni le droit personnel de légitime défense, ni le droit collectif de défense publique, ni l'expiation réputée d'essence divine, ni la justice immuable, ni l'application du talion; le droit de punir, qui va jusqu'à donner à l'homme érigé en juge le droit de condamner son semblable à la perte de la vie ou de la liberté, n'étant qu'une usurpation sociale, s'il n'est pas légitime, est-il utile ?

*
* *

« Si le droit de punir se justifie par son utilité, du moins qu'il la démontre !

» Cette utilité, comment le droit de punir la démontre-t-il ?

» Il ne la démontre pas, mais, par la voix de ses interprètes les plus autorisés, il affirme que sans lui la société ne pourrait exister, que sans lui elle ne pourrait se conserver, que sans lui enfin elle ne pourrait se défendre.

» Pour exiger ainsi qu'on la croie sur parole, quels sont les titres de la société?

» Est-il une superstition qu'elle n'ait pas déifiée?

» Est-il une idolâtrie à laquelle son intolérance n'ait pas immolé des millions de victimes?

» Est-il une erreur qu'elle n'ait pas élevée au rang suprême de vérité?

» Est-il une usurpation qu'elle n'ait pas faussement érigée en droit?

» Est-il une imposture sur laquelle le scrupule l'ait emporté ?

» Est-il une iniquité devant laquelle sa conscience ait reculé ?

» Est-il une cruauté qu'elle n'ait pas poussée jusqu'au raffinement?

» Est-il une bête, la plus féroce, qu'elle n'ait pas dépassée en férocité?

» Est-il un animal, le plus stupide, qu'elle n'ait pas égalé en stupidité?

» Est-il un vice, le plus honteux, qu'elle n'ait pas honoré ?

» Est-il une vertu, la plus pure, qu'elle n'ait pas condamnée ?

» Est-il un forfait, le plus exécrable, qu'elle n'ait pas commis?

» Est-il un exemple, le plus détestable, qu'elle n'ait pas donné ?

» Est-il un outrage à la raison de l'homme dont elle n'ait pas partout laissé de traces ineffaçables ?

» Est-il enfin un crime dont elle n'ait pas été la semence trop féconde ?

» Lorsque la société et son nom disparaîtraient pour faire place exclusivement à l'humanité et à son règne, est-ce qu'il y aurait lieu de le déplorer ? Qu'est-ce que la dignité de l'homme et le progrès de la civilisation y perdraient ?

» Si l'ancienne société ne peut vivre sans la conservation des peines corporelles, eh bien, qu'elle périsse, et que ce soient là son châtiment et son expiation ! Que la servitude pénale ait le même sort que l'esclavage antique et le servage féodal ! Que la société ait le même tombeau que l'antiquité et la féodalité !

» Mais sans la hache du bourreau et la clef du geôlier, que sera l'humanité et comment les hommes vivront-ils entre eux ?

» L'homme, dans l'échelle des êtres, serait-il donc au-dessous de la bête, qu'il ne pourrait exister sans échafauds et sans prisons? La raison, dont l'homme s'enorgueillit de posséder la plus grande part, sinon la totalité exclusivement, la raison serait-elle donc en lui non un signe de supériorité, mais une cause d'infériorité ? A quoi lui servirait la raison, si ce n'était pas pour se conduire par le raisonnement ?

» Le raisonnement, voilà le frein de l'homme! ce frein suffit à l'humanité, mais à la condition qu'il ne soit plus faussé par les mains convulsives d'une société à la fois téméraire et poltronne.

» La peine corporelle n'est pas un frein : ce qui le prouve, c'est son impuissance, à quelque titre que l'on considère la peine corporelle, soit comme expiation de la faute, soit comme amendement du coupable, soit comme intimidation du pervers, soit comme protection des bons, soit comme réparation du trouble causé à ces derniers par le crime. La peine corporelle n'est pas un frein : ce qui le prouve plus manifestement encore, c'est l'impossibilité d'en proportionner exactement la force selon la nature du délit, selon son étendue, selon la variété de ses causes, les unes originelles et indélébiles, les autres sociales et passagères; les Allemands diraient : les unes subjectives et les autres objectives.

» Dans l'abréviation de la vie par la pénalité, où est l'expiation? Qu'est-ce que la société fait de plus et de différent que ce qu'auraient fait quelques jours, quelques semaines, quelques mois, quelques années plus tard, la maladie et la mort? Où est l'intimidation? Quelles preuves a-t-on recueillies que le spectacle et la peur du supplice aient jamais arrêté la main égarée par le délire du crime? Où est la protection? Quelles raisons a-t-on de penser que les bons sont mieux protégés contre les méchants par la pénalité, qui supprime ceux-ci, que par la science qui grossirait le nombre de ceux-là, non en prétendant agir sur eux *directement,* mais en agissant sur eux *indirectement* par l'amélioration des choses? Où est la réparation? En quoi une tête coupée répare-t-elle le trouble causé par un meurtre commis?

» Dans la privation de la liberté par la pénalité, quelles que soient la forme et la durée de cette privation, quel que soit le régime pénitentiaire adopté, où est l'amendement du coupable? Qu'on interroge à cet égard tous les inspecteurs des bagnes, tous les directeurs des prisons dites maisons de force et de correction, les unes servant d'expérimentation au système cellulaire, les autres continuant la tradition de l'emprisonnement en commun avec ou sans modifications! Ils répondront que la peine flétrit le condamné, mais qu'elle ne l'amende pas.

» Toute autre peine que la peine de mort ou la détention à perpétuité, loin d'être une garantie pour l'humanité, est un péril pour elle.

» Logiquement, c'est César Beccaria, le critique de la peine de mort, qui a tort: c'est Joseph de Maistre, l'apologiste du bourreau, qui a raison.

» Beccaria, c'est l'inconséquence, car toutes ses propositions se contredisent; mais de Maistre, c'est l'imposture, car il suppose un Dieu qui ne saurait exister, un Dieu créateur bouillant d'impatience, éperdu de colère, frappant sa créature, la martyrisant et l'égorgeant pour la punir de ce que, lui, ne l'a pas mieux faite.

» Je n'admets ni la demi-pénalité, selon César Beccaria, ni la double pénalité, selon Joseph de

Maistre. Je dis : double pénalité, car la condamnation prononcée par un Dieu jugeant les hommes après leur mort, si elle était cumulée avec la condamnation de l'homme jugé par l'homme, constituerait pénalement un pléonasme faisant mentir l'axiome juridique : *Non bis in idem*. Qui affirme l'innocence du bourreau nie l'existence de Dieu ; qui affirme l'existence de Dieu nie l'innocence du bourreau. Le même coupable pour la même faute ne peut être justement puni deux fois : la première fois avant sa mort, et la deuxième fois après. Joseph de Maistre n'est pas un chrétien, c'est un païen.

» J'insiste sur ce dilemme inflexible : ou il existe un Dieu créateur suprême et souverain juge, ou ce Dieu n'existe pas. Si ce Dieu existe, de quel droit la société en devance-t-elle le jugement, et sur quels textes se fonde-t-elle pour l'interpréter? Si ce Dieu n'existe pas, conséquemment s'il n'y a moralement ni bien ni mal, s'il n'y a matériellement que des risques, de quel droit la société juge-t-elle, condamne-t-elle, punit-elle ceux de ses membres qui, accusés par elle, seraient fondés à se retourner contre elle et à lui dire : « Société, qui lèves inexorablement le bras pour nous ôter la vie ou nous priver de la liberté, peux-tu te rendre à toi-même le témoignage que tu as fait pour nous tirer de la barbarie, de l'ignorance, de la misère, de l'abrutissement, de l'avilissement, tout ce que te prescrivaient de faire la civilisation, la prévoyance et l'équité? Es-tu certaine de n'avoir point par tes lois positives, lois variant selon les lieux, les temps et les croyances, contrevenu à aucune des lois dérivant de la nature des choses, lois immuables? Es-tu sûre d'être d'accord avec l'humanité, à l'égard de laquelle tu n'es que ce qu'une nation est à l'univers et que ce qu'un siècle est à l'éternité? »

» Si la peine est l'expiation de la faute, l'expiation doit être entière; si la peine est l'intimidation du pervers, elle ne doit pas l'intimider à demi; si la peine du méchant est la protection des bons, elle ne doit pas les protéger à moitié; si la peine corporelle est la réparation du trouble, elle doit être complète. Point de demi-peines! point de demi-supplices!

» Logiquement, la peine de mort peut se défendre; logiquement, aucune autre peine, même celle de la détention à perpétuité, ne résiste à un examen approfondi. Mettre les mauvais en prison, ce n'est pas seulement mettre les bons à l'amende, puisque ce sont ceux-ci qui payent les frais de logement et de nourriture de ceux-là; c'est encore et surtout mettre la société aux prises avec un problème insoluble : le problème des libérés.

» Qu'en fait-elle, qu'en peut-elle faire, sinon des récidivistes, sinon des êtres plus dangereux à l'expiration de leur peine et à leur sortie de prison qu'avant la condamnation et la prétendue expiation de leur crime?

» Si le droit de punir n'est pas un droit qui se justifie par son origine et sa légitimité; s'il est dénué de la puissance d'intimidation salutaire qu'on lui attribue et que les faits contredisent; si l'usage de punir n'est pas un usage qui se justifie par sa fin et son utilité; si cet usage est moins utile que nuisible et moins tutélaire que dangereux; si ses adoucissements n'ont été que des inconséquences; si, enfin, les problèmes dont il est hérissé sont insolubles, n'en doit-on pas conclure que l'humanité, pour se mettre à l'abri des risques de meurtre et de vol, a autre chose à faire que de dresser des échafauds ou des potences, et qu'à construire des prisons selon le mode d'Auburn ou selon le mode de Philadelphie?

» Je ne suis point exigeant : je ne demande pas au droit que s'est arrogé l'homme de punir corporellement un autre homme, je ne lui demande pas de me prouver sa légitimité, ce qu'il ne pourrait faire; je me contente de lui demander de me démontrer son utilité, et c'est parce que j'ai cherché cette utilité sans la découvrir que j'ai rencontré sur mon chemin ce point d'interrogation : La société ayant désarmé l'homme au nom usurpé de la justice, ne serait-ce pas au tour de l'homme de désarmer la société au nom mérité de la science? »

*
* *

« Je suis contre toutes les peines corporelles dites afflictives; donc je suis pour l'abolition de la peine de mort, mais plutôt systématiquement que sentimentalement. J'aurai la franchise de l'avouer : s'il s'agissait de supprimer toutes les peines, moins une seule, ce serait celle-là que je maintiendrais, sauf à retrancher le bourreau. Je serais avec Joseph de Maistre et non avec César Beccaria. La peine que j'éliminerais la première, ce serait celle de la privation de la liberté sous ses divers noms : — emprisonnement, réclusion, détention, travaux forcés à temps, déportation, travaux forcés à perpétuité. Je voudrais commencer par le commencement et finir par la fin, au lieu de commencer par la fin et de finir par le commencement. Je ne descendrais pas l'échelle pénale, je la monterais.

» D'éloquents discours, d'ardents plaidoyers, d'innombrables écrits, ont attaqué la peine de mort. Je les ai tous où à peu près tous sous les yeux. Je dois le dire, ce ne sont pas ces monuments qui m'ont convaincu ; ce ne sont pas eux qui m'ont rangé au nombre des adversaires déclarés de toute atteinte portée à l'inviolabilité de la vie humaine, aussi bien qu'à l'inviolabilité de la liberté humaine, de la pensée humaine et de la parole humaine. La peine de mort est la seule peine qui atteigne certainement son but ; elle est la seule qui protége efficacement la société. Elle est la seule qui ne soit pas cruelle, car, si elle abrège la vie, elle abrège la souffrance. Elle ne fait pas souffrir longtemps et inutilement. Elle est logique. Elle n'est pas menteuse. Elle ne pervertit pas stupidement les condamnés, promettant faussement de les amender. Elle ne corrompt pas l'immense personnel nécessaire à leur garde. Elle ne fait pas pulluler le crime après avoir tari la honte, prodigué la flétrissure et marié la misère à la dépravation.

» Le grand argument contre la peine de mort, c'est qu'elle est irréparable en cas d'erreur. Si concluante, si irréfutable que paraisse cette objection, ce n'est pas elle qui m'arrêterait s'il n'y avait que celle-là. Est-ce que la peine des travaux forcés ou seulement de la réclusion est réparable lorsque des jurés et des juges, trompés par les apparences, trompés par les présomptions, trompés par les dépositions, l'ont infligée à un innocent? Est-ce qu'on peut lui rendre les années qu'il a passées enfermé au bagne ou dans une maison centrale. Est-ce qu'on peut effacer de sa personne des souillures qu'il y a contractées? Si le sentiment de l'iniquité commise, faisant parler la vengeance et taire la conscience, y a étouffé le sentiment de l'honneur, est-ce qu'on pourra le ranimer? S'il y a perdu la raison ou la santé par le chagrin, est-ce qu'on pourra la lui faire retrouver?

» Mais, objecte-t-on, qu'est-ce que la raison ou la santé perdue, qu'est-ce que l'honneur étouffé, en comparaison de la vie conservée? Ah! si la vie d'un innocent vaut un si grand prix, si elle pèse un si grand poids, d'où vient donc qu'elle compte pour si peu dès qu'il s'agit, entre deux États, de la plus petite question de territoire, d'indépendance ou de susceptibilité ? Je n'ai pas deux tarifs, deux balances, deux logiques : si vous exigez que mes paupières se mouillent à la pensée d'un innocent condamné à mort par des juges à qui l'inamovibilité n'a pas suffi pour conférer l'infaillibilité, souffrez d'abord que mes yeux aient versé toutes leurs larmes, moins une, à la pensée de tous ces braves et vigoureux fils de famille que le recrutement obligatoire enlève chaque année à leurs parents, à leur commune, à leur profession, pour être moissonnés par la nostalgie à défaut de la mitraille.

» Si la vie humaine est inviolable, qu'elle ne soit violée sous aucune forme, sans aucun prétexte, sous aucun motif, sous aucun nom ! A moins que l'arithmétique ne soit fausse, un comptera toujours moins que cent mille. Qu'en France l'on additionne comparativement, depuis le commencement de ce siècle, d'une part le nombre des innocents qui ont été condamnés, d'autre part celui des soldats qui ont été tués, et qu'on dise si, d'une part, le nombre des innocents qui ont été condamnés a atteint le chiffre de dix, et si, d'autre part, le nombre des soldats qui ont péri n'a pas dépassé un million d'hommes immolés à la barbarie osant s'appeler la gloire ! Parce qu'il est mort bravement sur un champ de bataille ou qu'il s'est éteint loin de sa famille sur le lit d'un hôpital militaire, la mère en a-t-elle moins perdu son fils, la sœur son frère, la fiancée son futur époux?

» Il ne faut pas s'abuser ! La pénalité corporelle

est une échelle dont il est moins facile qu'on ne pense de retrancher un échelon. La suppression de la peine de mort n'est pas chose aussi simple qu'on est disposé à le croire communément quand on n'a pas fait de l'échelle pénale une étude approfondie. S'il ne s'agissait que de supprimer la peine de mort, ce serait facile ; mais, la pénalité corporelle étant admise, la pénalité corporelle étant maintenue, il faut remplacer cette peine, il faut remplacer cet échelon. Si on le retranche, comment et par quoi combler l'intervalle ? Ici commencera la difficulté, pour ne pas faire de l'humanité à contre-sens.

» Raccourcissement par en haut de l'échelle pénale, c'est-à-dire remplacement de la peine de mort par la peine des travaux forcés à perpétuité, voilà ce qui est généralement considéré comme un adoucissement de la pénalité et comme un progrès social. C'est là une opinion, c'est là une illusion que je ne saurais partager. Je repousse et je condamne la peine des travaux forcés.

» Je condamne toute pénalité légale autre que celle que j'ai appelée la publicité pénale; pénalité inattaquable celle-ci, car elle découle de la nature des choses, puisqu'elle se borne à la stricte constatation du fait commis sans qu'il soit même nécessaire de le qualifier pour le flétrir.

» Jusqu'à ce que toutes les autres peines aient été successivement éliminées et définitivement supprimées, je suis donc, j'oserai le déclarer hautement, pour le maintien, à titre transitoire, de la peine de mort.

» Adversaires sentimentalistes et irréfléchis de la peine de mort, qui proposez de lui substituer la peine de la déportation à perpétuité, vous êtes-vous jamais demandé à combien de braves et d'honnêtes soldats, enrégimentés malgré eux, la garde des assassins déportés coûtait annuellement la vie? Ces jeunes soldats, nos fils, les frères, les maris de nos filles, vous êtes-vous jamais demandé à quels risques de dépravation les exposait cette garde, ce dangereux contact, en les tenant éloignés, à si grande distance, pendant plusieurs années, de toutes les affections de la famille? Ces jeunes soldats, arrachés par la loi de recrutement aux travaux des champs, aux travaux de l'atelier, aux travaux de la fabrique, vous êtes-vous jamais demandé de quel travaux ils vivraient, si, de retour dans leur pays, cette sorte de déportation, moins l'infamie, ce rôle temporaire de gardiens armés leur avaient coûté la perte de leur santé et de leurs forces?

» Je comprends la peine de mort, je l'ai dit, mais je ne comprends pas la peine des travaux forcés à perpétuité; je ne la comprends ni telle que l'avait établie le Code pénal, — articles 15, 16 et 18, — ni telle que l'a réformée le décret des 27 mars-16 avril 1852.

» C'est de la cruauté inutile. Encore si elle n'était qu'inutile! mais elle est pernicieuse. Oui, elle est pernicieuse, car elle accoutume insensiblement à l'arbitraire, à la tyrannie, à l'insensibilité, à l'inhumanité, tous les préposés à la garde des condamnés.

N'est-ce donc pas assez de cette lie sociale, sans qu'il soit encore besoin de l'augmenter de toute celle que dépose le nombreux personnel des geôliers et garde-chiourme?

» Et qu'est-ce que les travaux forcés à perpétuité, sinon le rétablissement sous un autre nom, et par d'autres motifs, de l'esclavage, avec l'aggravation de la séparation contre nature des deux sexes? Et qu'est-ce que la séparation pénale des sexes, sinon la dégradation radicale des condamnés?

» Si les gouvernements ont le droit de punir, qu'ils punissent, mais qu'ils ne pervertissent pas! Qu'ils soient logiques! Qu'ils osent aller jusqu'au bout de leur droit! Pas de fausse humanité! Pas de pitié hypocrite et cruelle! Qu'ils ne frappent pas à demi! Qu'ils retranchent résolûment de la société l'individu qui est un danger pour elle! Qu'ils ne le fassent pas souffrir perpétuellement! Qu'ils lui ôtent la vie! Pas de lente agonie! Si, en moyenne, chaque condamné aux travaux forcés coûte finalement à l'État 10,000 francs, que les gouvernements fassent un meilleur usage de cet argent, qu'épargnerait la peine de mort à l'état de peine corporelle unique! Qu'ils emploient cet argent à tirer le pauvre et surtout l'enfant du pauvre de ces bouges infects sans air et sans clarté où pullulent héréditairement la misère, l'ignorance et l'ivrognerie, ces trois sources alimentaires du crime, fleuve dévastateur qui a pour embouchure la pénalité!

» Les travaux forcés à perpétuité ne sont pas

seulement l'esclavage, ils sont la mort. Qu'est-ce que la mort, quelle qu'en soit la cause, sinon l'abréviation de la vie? Si toute privation de la liberté aboutit inévitablement à l'abréviation de la vie, où le Code pénal inscrit : *Travaux forcés à perpétuité*, lisez donc : *Peine de mort indirecte*, *précédée de l'esclavage déguisé*.

» Telle qu'elle est régie par la loi des 8-16 juin 1850, la déportation est la peine qui remplace la peine de mort dans les cas où elle a été abolie par l'article 5 de la Constitution du 4 novembre 1848. La déportation a lieu dans une enceinte fortifiée hors du territoire continental. Les lieux de déportation désignés sont : la vallée de Vaithau, aux îles Marquises, pour les cas où la peine de mort est abolie par l'article 5 de la Constitution de 1848 et où cette peine a été remplacée par celle de la déportation; et l'île de Noukahiva, l'une des Marquises, pour l'exécution de l'article 17 du Code pénal.

» La déportation est la première peine qui s'offre à la pensée de ceux des réformateurs qui réprouvent à la fois la peine de mort et le régime des bagnes.

» Il semble qu'elle soit ce qu'il y a de plus simple, sinon de moins coûteux; mais il n'en est point ainsi dans l'exécution dès que le nombre des déportés a dépassé un certain chiffre. L'expérience de l'Angleterre est là pour l'attester. Les Anglais ont dû y renoncer le jour où leurs colonies se sont refusées à recevoir les *convicts* qui leur étaient envoyés.

» La peine que le législateur a voulu infliger au

déporté, ce n'est assurément ni la mort, ni les souffrances dont elle est précédée et qui l'occasionnent. Et toutefois de quel nom appeler le supplice de ces malheureux, à partir du moment où commence l'exécution de leur sentence? Qu'on les suive pendant une navigation de cinq ou six mois, entassés dans des pontons, privés d'air et de lumière, sous le poids d'une discipline brutalement inexorable, que justifie la nécessité de prévenir les révoltes, en proie à des maladies contagieuses qu'aggravent encore les accidents de mer.

» Voilà le prélude !

» Qu'on les voie ensuite jetés sur une plage presque toujours sauvage, loin de toute ressource, demandant une nourriture insuffisante à un sol brûlant et aride

» N'est-on pas fondé à répéter, après Bentham, que le législateur, en édictant une pareille peine, ignore ce qu'il fait ; qu'elle change de nature aussitôt qu'elle est prononcée, et devient dans la réalité tout autre qu'elle n'était dans ses prévisions?

» Je ne comprends pas la peine des travaux forcés à perpétuité, mais il y a une peine que je comprends encore moins : c'est celle des travaux forcés à temps, ce temps variant de cinq ans au moins à vingt ans au plus.

» S'il est vrai que le bagne soit à la maison centrale ce que le lycée est à l'école primaire ; s'il est vrai, ainsi qu'il y a unanimité à le reconnaître, que le bagne constitue l'enseignement supérieur du crime, comment est-il possible que la société soit assez imprévoyante, assez inconséquente, disons le mot, assez absurde, pour maintenir au rang d'échelon de son échelle pénale la peine des travaux forcés à temps, lorsqu'il est avéré que cette peine encourage plus qu'elle n'effraye ?

» La réclusion est la peine qui consiste à être renfermé dans une maison de force et employé à des travaux dont le produit est réglé par le gouvernement. La durée de cette peine, appliquée à une multitude innombrable de cas, est de cinq ans au moins et de dix ans au plus.

» La maison de force est l'école préparatoire du bagne comme la maison de correction est l'école préparatoire de la maison de force, comme trop souvent la maison d'arrêt et de justice est l'école préparatoire de la maison de correction.

» C'est ce qu'en janvier 1847 constatait et proclamait déjà en ces termes M. le comte Duchâtel, ministre de l'intérieur, dans l'exposé des motifs du projet de loi présenté à la Chambre des pairs :

« Les prisons, quels que soient les efforts de l'administration et de ses agents, peuvent être considérées comme des écoles de perversité; on y apprend à parcourir tous les degrés de la corruption et du crime. Les bagnes sont les foyers d'une dépravation encore plus profonde. C'est dans nos prisons et dans nos bagnes que se forment presque toujours ces associations de malfaiteurs dont les ramifications ténébreuses menacent la sécurité générale. Il importe de remédier à un état de choses si fâcheux et si contraire, par ses effets, à l'esprit et au but de toute législation pénale. Les réformes partielles essayées depuis quelque temps n'ont que faiblement atténué le mal : on ne peut espérer de le détruire que par un changement complet dans le régime. »

» Les vices et les dangers de tout régime pénal, qui épargne d'autant moins la liberté des condamnés qu'il épargne davantage leur vie, étaient trop nombreux, trop manifestes, trop criants, trop graves, pour ne pas vaincre la dédaigneuse immobilité des gouvernements et ne pas appeler la profonde attention des esprits sérieux et vigilants ; aussi de toutes parts et dans les deux mondes a-t-on essayé des modes d'emprisonnement les plus divers et les plus opposés, mais sans succès décisif, car depuis vingt-cinq ans que la question pénitentiaire est agitée, elle n'a avancé que pour reculer, ainsi que l'attestent la circulaire du 17 août 1853, signée Persigny, et les rapports administratifs qui l'ont suivie.

» C'est dans cette circulaire que se trouve cette déclaration solennelle :

« Le gouvernement renonce à l'application du régime cellulaire pour s'en tenir au régime de la séparation par quartiers. »

» A cette époque, voici quel était l'état des prisons départementales constaté par M. Bérenger, membre de l'Institut, dans son rapport intitulé : *De la répression pénale, de ses formes et de ses effets :*

« La plupart de nos prisons départementales sont dans l'état le plus déplorable. Le travail n'étant organisé presque nulle part, l'oisiveté engendre tous les vices et produit les désordres les plus déplorables. Une circulaire du ministre de l'intérieur en date du 17 août 1853 apprend que, sur 396 maisons d'arrêt, de justice et de correction, il en est seulement 60, outre les maisons cellulaires, qui réalisent à cet égard le vœu de la loi; dans 166, la séparation par quartiers est incomplète, et dans 74 elle n'existe même pas.

» Comment dès lors serait-on fondé à s'étonner de l'immoralité croissante des détenus et des condamnés, immoralité qui se manifeste par l'augmentation vraiment effrayante des récidives? Pourrait-il en être autrement lorsque se trouvent forcément réunis dans les mêmes lieux les condamnés, les prévenus, les jeunes gens au-dessous de seize ans, quelquefois même les femmes, mettant leurs vices en commun, s'excitant mutuellement au mal, se livrant avec une contagieuse impudeur aux actes les plus hautement réprouvés par la morale? »

» L'emprisonnement tend à devenir de plus en plus le fondement presque unique de notre édifice pénal, puisque la peine de mort tend à être de moins en moins prononcée et appliquée.

» Je suis publiciste, je ne suis pas criminaliste, et encore le point de vue auquel je me place dans cette étude que j'ai eu l'audace, que j'ai eu la témérité d'entreprendre, est-il moins celui du présent que celui de l'avenir; mais si j'étais criminaliste ou homme d'État, c'est-à-dire si j'étais plus préoccupé de la transition à trouver que de la solution à chercher, je proposerais juste d'aller dans le sens contraire de celui où l'on va et où, selon moi, l'on s'égare; la peine qu'avant toute autre je m'efforcerais d'abolir, ce serait celle de l'emprisonnement à tous ses degrés et sous toutes ses formes. Je commencerais sans hésiter par sa suppression dans le plus grand nombre de cas, jusqu'à ce que je finisse par la supprimer entièrement. Au lieu de raccourcir l'échelle pénale par en haut, ce serait par en bas que je la raccourcirais. Je deviendrais aussi avare de la détention préventive qu'on en a été prodigue, et je m'ingénierais à substituer aussi complétement que possible la pénalité pécuniaire à la pénalité corporelle. L'impôt transformé me servirait de base d'appréciation judiciaire, et j'appellerais plus souvent en garantie la famille d'abord et la commune ensuite, dussé-je étendre dans son application le principe qui a dicté l'article 1384 du Code civil, l'article 73 du Code pénal et la loi du 10 vendémiaire an IV. Ce dont je m'abstiendrais surtout, ce serait de donner jamais à la prison des hôtes qui en soient l'honneur au lieu d'en être la honte. Or, n'est-ce pas là ce qu'on fait inconsidérément lorsqu'on condamne l'écrivain consciencieux à la même peine que le voleur impudent? Quelle intimidation salutaire veut-on que conserve la peine de l'emprisonnement, lorsqu'il suffit pour l'encourir, électeur, d'avoir fait partie d'une réunion de plus de vingt personnes; écrivain, d'avoir exprimé dans un journal, dans une brochure ou dans un livre, une opinion qui blesse celle d'un tribunal; commerçant, de n'avoir pu faire exactement honneur à sa signature; garde national, d'avoir manqué sa faction; lorsqu'il suffit enfin d'avoir commis, souvent à son insu, la plus légère contravention?

» Pour prévenir le vagabondage et éteindre la mendicité que fait-on? Rien. Des vagabonds et des mendiants qu'on arrête que fait-on? On les conduit en prison, où l'État, qui n'avait pas d'argent la veille pour prévenir le vagabondage et la mendicité, en a le lendemain pour loger et nourrir le vagabond et le mendiant. C'est là ce que nous appelons la société, c'est là ce que nous appelons le gouvernement, c'est là ce que nous appelons la loi, c'est là enfin ce que nous appelons la justice.

» Les vagabonds sont ceux qui n'ont ni domicile certain ni moyen de subsistance, et qui n'exercent habituellement ni métier ni profession.

» Un séjour de six mois dans une prison leur donnera-t-il ce qui leur manquait : une profession, un métier, un domicile et de quoi manger? Les condamner la première fois, c'est les vouer presque inévitablement à la récidive. Même observation pour les mendiants.

» Lorsqu'une peine est ainsi viciée, la prodiguer, n'est-ce pas démoraliser comme à plaisir une société et chauffer aveuglement le four d'une révolution nouvelle? — Telle est la question qu'il est impossible de ne pas s'adresser aussi souvent qu'on déploie et qu'on lit la *Gazette des tribunaux* et le *Droit*, dont on ne trouverait pas un seul numéro qui ne soit émaillé de plusieurs condamnations à la privation de la liberté sous ses divers noms : emprisonnement, réclusion, détention, travaux forcés à temps, déportation, travaux forcés à perpétuité.

» La peine de l'emprisonnement est condamnée par l'expérience ; elle n'amende pas et elle n'intimide point.

» L'abus que l'on fait de l'emprisonnement, en le prodiguant ainsi qu'on le prodigue pour des contraventions insignifiantes et des délits imaginaires, n'est pas une des moindres causes qui concourent au relâchement des liens sociaux. C'est avec raison que Montesquieu a dit :

« Souvent un législateur qui veut corriger un mal ne songe qu'à cette correction ; ses yeux sont ouverts sur cet objet et fermés sur les inconvénients.

» La pire de toutes les corruptions est celle qui vient de la loi : mal profond et incurable, parce qu'il est dans le remède même. »

» Cet abus de l'emprisonnement a été constaté en ces termes par un éminent et savant magistrat, dont l'autorité était irrécusable, M. Bérenger, président à la cour de cassation, membre de l'Institut :

« Si, prenant une période de dix ans, on additionnait le nombre des détenus qui se succèdent chaque année dans nos prisons, on trouverait que plus d'un million d'habitants sont venus s'y plonger plus avant dans le crime, et que leur seul entretien a coûté à l'État au delà de cent trente millions. »

*
* *

» Si le propre de l'homme est d'abuser généralement de toutes choses, il est juste de reconnaître que la société, qui s'est attribué le droit de le punir, ne s'est montrée en aucun temps et en aucun pays plus sage que lui.

» Jusqu'où n'a-t-elle pas porté l'abus des peines instituées par elle?

» Je ne veux pas parler ici de leur férocité; je veux principalement parler de leur application à des actes qui souvent n'étaient répréhensibles que parce qu'ils avaient été défendus. Et pourquoi l'avaient-ils été?

» L'histoire pénale de l'intolérance religieuse remplirait des volumes, et je n'ai de place ici que pour quelques faits cités presque au hasard :

» Au temps de Moïse et par ses lois, l'idolâtrie, le blasphème, le sacrilége, étaient punis de l'un des derniers supplices, et la moindre infraction aux lois religieuses était réprimée plus sévèrement encore que les atteintes à la vie de l'homme. L'Israélite qui avait ramassé du bois le jour du sabbat, dans le désert de Pharan, était condamné par le conseil des Soixante-dix à être lapidé.

» En Égypte il y avait peine de mort contre celui qui avait tué un vautour, ou, par mégarde même, un des animaux vénérés dans ce pays, comme un chat ou un ichneumon. Il y avait infamie pour celui qui avait mangé du pain de froment; la mort pour avoir tué un animal de dessein prémédité; une peine sévère pour la révélation du lieu où le taureau sacré était enseveli.

» A Athènes, proposé pour la torture, comme s'il eût été un esclave, Phocion, l'habile général, l'illustre orateur, le grand citoyen, n'y échappa que par sa condamnation à mort. Accusé d'impiété, Socrate, quoique défendu par Platon, son disciple, est condamné à s'empoisonner en avalant la ciguë, qu'il a rendue célèbre. La peine capitale était prononcée contre les accusés de sacrilége. Était réputé coupable de sacrilége qui avait arraché un arbrisseau d'un bois sacré, qui avait tué un oiseau consacré à Esculape, etc. Phidias fut accusé de sacrilége pour avoir sculpté son portrait sur le bouclier de Minerve, et il n'eût pas échappé au supplice s'il ne fût mort dans sa prison.

» A Rome, la vestale qui laissait éteindre le feu sacré était punie de la peine de la flagellation; celle qui avait manqué à la chasteté était condamnée à être enterrée vivante. Ce fut ainsi que périt, en l'an 418, la vestale Minucia.

» *Chambre ardente* est le nom que porte sous François Ier la chambre du Parlement qui condamne les hérétiques, les réformés. Dans une seule journée, celle du 2 octobre 1546, la Chambre ardente condamne cinquante habitants de Meaux, de tout sexe et de tout âge, à divers supplices : quatorze sont brûlés vifs. Sous Henri II, la persécution prend un caractère encore plus rigoureux : l'année 1548 est restée mémorable par le nombre considérable de victimes que la Chambre condamne au supplice du feu. L'année 1559 est signalée par les plus cruelles condamnations : des protestants de tout âge et de tout sexe périssent dans les flammes. Le Parlement va même jusqu'à frapper un de ses membres, le conseiller Anne Dubourg, qui doit au respect pour sa robe d'être étranglé avant d'être jeté dans les flammes. Tous les parlements de France, à l'exemple de celui de Paris, instituent des chambres ardentes d'après une injonction royale.

» Un arrêt du mois de juillet 1562 permet de tuer les huguenots partout où on les trouve ; cet arrêt est lu tous les dimanches au prône de chaque paroisse.

» Ceux qui ont manqué de respect à la statue d'un saint sont brûlés ; ceux qui ne vénèrent pas les reliques sont fouettés; la profanation des hosties et vases sacrés est punie de la peine du feu avec l'amende honorable et le poing coupé.

» De 1682 à 1699, sous le règne de Louis XIV, une série d'édits, marqués au coin de l'intolérance la plus féroce, sont promulgués. Les assemblées et l'exercice du culte protestant sont interdits. Les réformés sont exclus des charges et des grades. Ils sont punis de la marque, du fouet, de la confiscation, du bannissement, des galères et de la mort. L'émigration, la tentative d'émigration, la sortie du royaume sans autorisation, très-périlleuse à demander, très-difficile à obtenir, sont réputées crimes. Les ventes de biens faites par les émigrés dans les trois années antérieures à leur émigration sont annulées.

» Une déclaration du 1er juillet 1686 porte, art. 3 :

« Voulons que celui qui, par ses avis, donnera lieu à la capture d'un ministre dans notre royaume, soit récompensé de la somme de 5,500 livres; voulons pareillement que tous ceux de nos sujets qui seront surpris faisant dans notre royaume des assemblées de quelque exercice ou religion autre que la catholique, apostolique et romaine, soient punis de mort. »

» Lors de la révocation de l'édit de Nantes, en 1685, il est ordonné à tous les ministres protestants qui refuseraient de se convertir, de sortir du royaume dans le délai de quinze jours. Il y a peine de mort contre les ministres qui rentreraient en France et cinq mille cinq cents livres de récompense pour qui les dénoncerait. Il en revint plusieurs qui subirent, les uns le supplice de la corde, les autres de la roue.

» En 1748, un particulier d'Orléans, pour avoir

blasphémé contre le saint nom de Dieu, l'Eucharistie et la Vierge, est condamné, par arrêt du Parlement de Paris, à faire amende honorable, à avoir la langue coupée et être ensuite pendu. Le 4 juin **1766**, le chevalier de la Barre, jeune militaire âgé de dix-sept ans, d'une famille de robe alliée à la haute magistrature et qui vivait chez une de ses parentes, abbesse de Villancourt, aux portes d'Abbeville, ayant été accusé d'avoir insulté pendant la nuit un crucifix en bois placé sur le pont d'Abbeville, est condamné par la pluralité de deux voix à avoir la tête tranchée après avoir eu la langue coupée et subi les tourments de la question.

» En Pologne, on arrachait les dents à quiconque était accusé et convaincu d'avoir mangé de la viande en carême.

» En Égypte, l'instrument qui avait servi à commettre le crime était condamné à périr.

» A Athènes, le tribunal ou prytanée jugeait les choses inanimées qui avaient causé la mort d'un citoyen. Une tuile qui tombait d'en haut et qui tuait un homme était apportée en justice; son procès s'instruisait, et elle était absoute ou condamnée. Dans le cas de condamnation, la chose inanimée reconnue coupable était jetée hors des frontières de la République.

» Il fut un temps, en France, aux quatorzième, quinzième et seizième siècles, où l'on procédait en forme contre les cochons, les chiens, les mulets, les chenilles. L'information se faisait contradictoirement. On nommait un curateur à la bête ou un avocat pour la défendre.

» En 1313, un taureau indompté s'étant échappé et ayant rencontré un homme, le perça de ses cornes. Cet homme ne survécut pas à ses blessures. Charles, comte de Valois, sur les terres duquel cet événement eut lieu, donna ordre d'arrêter le taureau et de lui faire son procès. Il fut condamné à être pendu. L'exécution eut lieu aux fourches patibulaires de Moizy-le-Temple, lieu du délit. En 1499, un taureau ayant tué un enfant de quinze ans, près de l'abbaye de Beaupré, fut condamné par les officiers de l'abbaye à être pendu. Sous le règne de François Ier, Jean Milon, official de Troyes en Champagne, rendit, le 9 juillet 1516, une sentence contre les chenilles, conçue en ces termes :

« Parties ouïes, faisons droit sur la requête des habitants de Villenoce, admonestons les chenilles de se retirer dans six jours, et, à faute de ce faire, les déclarons maudites et excommuniées. »

*
* *

» Ce qui caractérise le progrès pénal plus encore que l'adoucissement des peines, c'est l'impunité successive d'actes qui étaient réputés crimes ou délits; c'est leur détermination plus exacte, plus précise, plus fondée en vérité ; c'est enfin leur élimination.

» Les annales judiciaires de tous les temps et de tous les pays débordent de condamnations aux supplices les plus cruels, aux peines les plus extrêmes prononcées contre des accusés de sorcellerie, contre des suspects d'hérésie. Quels étaient les vrais coupables ? N'étaient-ce pas les juges qui poussaient jusqu'à ce point les uns la crédulité, les autres l'intolérance ?

» Ces mêmes annales judiciaires sont également remplies des condamnations les plus sévères prononcées contre des inculpés n'ayant commis d'autre crime ou d'autre délit que d'avoir poussé la témérité jusqu'à s'imaginer que ce qu'ils avaient la liberté de penser, ils avaient la liberté de l'exprimer. Ce sera la honte du dix-neuvième siècle de n'avoir pas encore effacé de ses codes les crimes et délits imaginaires de la presse, lesquels n'ont pas discontinué, dans l'année et dans le pays où j'écris, d'être punissables comme au temps d'Ovide et de Pline. Il n'y a de changé que la peine. Le poison a fait place à l'amende et à la prison.

» L'impiété, l'hérésie, la magie, le parjure, la non-révélation, l'insolvabilité, le luxe, le célibat, le suicide, l'usage du tabac, etc., ont cessé d'être inscrits au nombre des actes punissables ; le manant ou l'habitant de Paris qui prétend y construire une habitation nouvelle n'est plus condamné à la peine du fouet ; mais l'usure n'a pas cessé, en France, d'être justiciable du Code pénal. La loi du 3 septembre 1807, qui limite le taux de l'intérêt au delà duquel on encourt la peine de l'amende et de l'emprisonnement, a résisté à toutes les attaques dont elle a été l'objet, et, dans le dernier débat législatif qui a eu lieu au Sénat le 1er avril 1862, c'est la loi surannée, défendue par M. le procureur général Dupin, qui l'a emporté sur les abolitionnistes du prétendu délit d'usure, quoiqu'ils eussent de leur côté les faits les plus concluants.

» Il serait temps de sortir enfin du labyrinthe pénal où la société a égaré l'humanité pendant des siècles !

» Le moyen, ce serait de commencer par abolir premièrement les crimes et délits qui n'existent que dans l'imagination des peuples ignorants et des législateurs arriérés; deuxièmement, les nombreuses et spécieuses distinctions sans lesquelles l'échelle pénale n'eût pas eu d'échelons.

» Loin de diminuer le nombre des malfaiteurs, ces échelons n'ont servi et ne servent encore qu'à l'augmenter, car, le plus souvent, punir, c'est pervertir.

» L'expérience pénitentiaire est là pour l'attester.

» La peine n'a jamais corrigé que ceux qui se fussent corrigés sans elle, par le retour de leur conscience absente.

» Ce retour de la conscience, combien de fois la peine l'a-t-elle empêché en enlevant les coupables d'un milieu qui n'était pas bon, mais où ils étaient libres, où ils pouvaient réfléchir, où ils auraient pu se relever d'eux-mêmes, pour les enfermer dans un milieu plus mauvais encore, où la contagion de la perversité n'est pas combattue par l'espérance purificatrice et légitime de la réhabilitation?

» La répression est un oreiller sur lequel la société a dormi trop longtemps. Si elle tarde à se réveiller, elle sera engloutie par la révolution qui mine le sol sur lequel nous continuons à bâtir insoucieusement nos demeures, révolution implacable, à laquelle nous n'échapperons qu'en prenant les devants sur elle par une réforme radicale, dont l'un des premiers termes devra être la réforme pénale.

» Aveugle qui ne voit pas que les prisons qui nous rassurent sont les casernes qui nous menacent!

» Dès que la multitude est victorieuse, quel est son premier acte? N'est-ce pas de rendre la liberté aux détenus, de les incorporer dans ses rangs et parfois de les prendre pour chefs? N'ayant plus rien à perdre, ils risquent tout. Il n'est aucun excès, on l'a vu, devant lequel ils reculent.

» Si le temps de la répression légale est fini, le temps de l'élimination pénale est venu.

» Cette élimination ne saurait être trop prompte et trop radicale.

» Jusqu'au jour de l'abolition définitive de toute peine corporelle, de toutes peines autres que celles de la publicité pénale et de l'amende proportionnelle à la fortune attestée par l'impôt transformé en assurance, il ne devrait plus y avoir qu'un seul crime, le meurtre, et qu'une seule peine, la peine de mort.

» Mais, s'il en était ainsi, s'il n'y avait plus

d'échelle pénale, que deviendrait le gouvernement et que deviendrait la société?

» A ce cri d'effroi, je réponds en ouvrant le Code pénal et en le suivant page à page :

« *Attentats et complots ayant pour but de changer le gouvernement*, crimes punis de la déportation, attroupements, attaques, résistance, rébellion : — Le gouvernement les préviendrait ou les réprimerait par les moyens dont il dispose : il opposerait la force à la force; ce serait son droit et son devoir.

» *Contrefaçon et altération des monnaies d'or et d'argent, émission de fausse monnaie*, *falsification des billets de banque*, crimes punis des travaux forcés à perpétuité : — L'art, la science, et surtout le crédit, rendraient promptement ce danger de moins en moins grand et ce risque de plus en plus rare.

» *Faux en écriture publique et authentique et d commerce ou de banque*, crime puni des travaux forcés à perpétuité ou à temps, *faux en écriture privée*, crime puni de la réclusion : — Stimulées par le danger, les parties ne tarderaient pas à prendre les précautions nécessaires.

» *Forfaitures, soustractions, concussions*, etc., *commises par des fonctionnaires publics :* — L'État ou la commune n'auraient qu'à organiser un contrôle si efficace qu'il rendît ces crimes et délits de plus en plus difficiles, sinon absolument impossibles.

» *Abus d'autorité :* — Il suffirait, pour les prévenir, de simplifier l'appareil gouvernemental, administratif et judiciaire.

» *Associations de malfaiteurs envers les personnes ou les propriétés,* associations qualifiées crimes contre la paix publique et punies des travaux forcés à temps ou de la réclusion : — Pour trouver le moyen de conjurer ou de dissoudre ces associations menaçantes, la société n'aurait qu'à le chercher sérieusement.

» *Vagabondage et mendicité*, punis l'un et l'autre de l'emprisonnement : — Le plus simple bon sens indique qu'il y a autre chose à faire que de bâtir des prisons, d'où le vagabond et le mendiant sortent pires qu'ils n'y sont entrés. Avec la commune-mère, plus de vagabondage, plus de mendicité.

» *Délits de la parole, injures, calomnies, délits de l'écriture, du dessin, de la gravure, de la photographie et de l'imprimerie :* — Il n'y a qu'à les ranger à la suite des prétendus crimes et délits de sortilége et d'hérésie, que la pénalité a enfin cessé de poursuivre et de frapper.

» *Associations et réunions illicites :* — Les dissiper par la liberté serait aussi facile que de dissiper l'ombre par la lumière.

» *Blessures ou coups volontaires non qualifiés meurtres, mais ayant causé une maladie ou incapacité de travail personnel pendant plus de vingt jours :* — Que la civilisation, qui adoucit les mœurs, accélère sa marche encore trop lente !

» *Attentats aux mœurs*, punis, selon l'âge et le degré, des travaux forcés à perpétuité, des travaux forcés à temps, de la réclusion ou de l'emprisonnement : — Que les mères et que les familles, trop souvent insouciantes, trop souvent négligentes, le soient moins !

» *Adultères et bigamies :* — A reléguer dans le nombre des questions religieuses et médicales, jusqu'au jour où, la probabilité faisant place à la certitude et la paternité s'effaçant derrière la maternité, les enfants appartiendront exclusivement à la mère.

» *Arrestations illégales et séquestrations de personnes :* — Si de tels actes étaient encore possibles, ils seraient la preuve que la société est coupable de négligence.

» *Enlèvements d'enfants et de mineurs :* — Même observation.

» *Infractions aux lois sur les inhumations :* — Même observation.

» *Faux témoignage :* — Ce serait un risque et un péril qui cesseraient d'être à craindre si la pénalité n'existait plus.

» *Vols, abus de confiance, escroqueries et autres espèces de fraudes :* — Je n'ignore pas que, comparativement au nombre des assassins qui est petit relativement, le nombre des voleurs de toute espèce est grand. Le chiffre et le danger de cette multitude — je l'ai prévu — seront des arguments que ne manqueront pas de m'opposer tous ceux qui ne voient le salut de la société que dans le maintien de la pénalité. Ces objections ne m'ont point arrêté. Je ne saurais pousser la concession à la peur, qui ne raisonne pas ou qui raisonne mal, plus loin que je ne l'ai fait en conservant à la société, jusqu'au 1er janvier 1900, le droit de se garantir contre l'assassin en le retranchant du nombre des vivants.

» S'il était possible de relever dans les annales de la pénalité le nombre des condamnations encourues pour meurtres, viols et vols de toute nature et de le mettre en regard avec le nombre des condamnations encourues pour prétendus crimes et délits d'idolâtrie, d'impiété, d'hérésie et de magie, de pensée parlée, de pensée écrite et de pensée imprimée, quel ne serait pas l'étonnement de voir combien celles-ci dépassent incomparablement en nombre celles-là !

» Depuis qu'on a cessé, en France, d'y bannir, d'y massacrer, d'y brûler les hérétiques, le nombre des protestants n'a-t-il pas plutôt diminué qu'augmenté ?

» Depuis qu'on a cessé d'y croire aux sorciers et aux sortiléges et de les poursuivre, que sont-ils devenus ? Pourquoi ont-ils disparu ? Pourquoi n'en est-il plus question ?

» Dans les pays comme en Angleterre, en Belgique, aux États-Unis, où les maléfices typographiques ne troublent plus aucune imagination et ne donnent plus lieu à aucun procès de presse, les révolutions y sont-elles plus fréquentes que dans les États qui persistent à croire qu'ils seraient en péril s'ils ne s'abritaient pas derrière un triple rempart de lois restrictives, préventives, répressives ?

» J'ai assisté à quatre insurrections victorieuses.

Le lendemain du triomphe de chacune d'elles, j'ai vu le cours des lois pénales s'interrompre brusquement; mais ce que je n'ai pas vu et ce que nul n'a vu, c'est, pendant cette interruption, le nombre s'accroître des meurtres et des vols. Loin de là! le contraire est ce qui avait lieu.

» S'est-on demandé pourquoi?

» Comme sa naissance, la disparition d'un effet a sa cause.

» La cause n'était pas une amélioration du milieu social, car on n'avait pas eu le temps de le changer du jour au lendemain.

» A quoi donc l'attribuer?

» La répression agirait-elle en sens contraire du but qu'elle se propose?

» La question se présente appuyée de faits assez sérieux pour qu'elle mérite d'être sérieusement examinée.

» Quoique l'instruction n'ait pas encore pris la place de l'ignorance; quoique le ressort de l'épargne n'agisse encore qu'à l'état d'exception; quoique enfin la prévoyance sociale n'ait pas encore succédé à la répression judiciaire, ma conviction profonde est qu'une société offre d'autant plus de sécurité qu'elle compte moins de lois pénales.

» Leur suppression totale ne me causerait personnellement aucune crainte; mais comme cette confiance ne s'aurait s'acquérir sans d'aussi attentives observations et d'aussi profondes méditations que celles qui me l'ont donnée, je me contente d'insister sur ce que j'ai appelé l'élimination pénale, qui seule pourra combler les deux gouffres que creuse l'emprisonnement :

» Le gouffre des libérés ;

» Le gouffre des récidivistes.

» Presque toujours la libération n'aboutit qu'à la récidive.

» Les rapports de tous les inspecteurs des prisons constatent :

« Que c'est en général dans la première et la deuxième année de leur sortie de prison que les libérés commettent de nouveaux méfaits ;

» Que près de la moitié des accusés de crimes, et un peu plus du cinquième des prévenus, sont en état de récidive ;

» Que les récidivistes sont généralement incorrigibles, quoique la répression à leur égard ne fasse pas défaut ;

» Que, depuis les réformes introduites dans notre législation pénale et dans nos prisons, non-seulement les récidives augmentent d'année en année, mais que les détenus les plus intelligents sont en même temps les plus pervers, et que ceux qui sortent avec une masse de réserve, produit de leur travail sous les verrous, tombent d'autant plus vite et d'autant plus gravement en récidive que le chiffre de leur masse est plus élevé. »

*
* *

« La privation d'une somme d'argent est la peine qui se compose de ces deux degrés :

» I. L'amende;

» II. Les dommages et intérêts.

» L'amende est la peine qui consiste dans le payement d'une somme d'argent au profit de l'État, avec la prise de corps pour sanction.

» Les dommages et intérêts sont la peine qui consiste dans le payement d'une somme d'argent au profit de la partie lésée, avec la prise de corps généralement pour sanction.

» Étant admise une réforme pénale qui serait une transition entre la pénalité existante et la pénalité abolie, et qui se lierait étroitement à une grande réforme fiscale, la peine qui consiste dans le payement d'une amende au profit de l'État et dans le payement de dommages et intérêts au profit de la partie lésée, loin d'être supprimée, devrait, au contraire, être étendue à un grand nombre de cas où la peine de l'emprisonnement est maintenant prononcée, avec remplacement de la sanction pénale de la prise de corps par la sanction pénale de la solidarité pécuniaire, reliant étroitement l'individu condamné à la famille responsable, et, à défaut de la famille responsable, à la *commune mère*, responsable en certains cas dont plusieurs sont déjà prévus et ont donné lieu à de nombreux jugements et arrêts.

» Cette solidarité pécuniaire exercerait une action plus faible, mais analogue à celle de l'abolition de toute pénalité autre que la publicité pénale ; elle hâterait le jour où tous les efforts sociaux convergeraient vers ce but social : la destruction à tout prix de l'ignorance populaire, de la misère héréditaire et de l'ivrognerie contagieuse.

» La solidarité de la famille, sa responsabilité civile et pécuniaire est inscrite en ces termes dans le Code civil :

« Art. 1384. On est responsable non-seulement du dommage que l'on cause par son propre fait, mais encore de celui qui est causé par *le fait des personnes dont on doit répondre* ou des choses que l'on a sous sa garde.

» Le père, et la mère après le décès du mari, sont responsables du dommage causé par leurs enfants mineurs habitant avec eux ;

» Les maîtres et les commettants, du dommage causé par leurs domestiques et préposés dans les fonctions auxquelles il les ont employés ;

» Les instituteurs et les artisans du dommage causé par leurs élèves et apprentis pendant le temps qu'ils sont sous leur surveillance.

» La responsabilité ci-dessus a lieu, à moins que les pères et mères, instituteurs ou artisans, ne prouvent qu'ils n'ont pu empêcher le fait qui donne lieu à cette responsabilité.

» Le Code pénal va plus loin :

» ART. 73. Les aubergistes et hôteliers convaincus d'avoir logé pendant plus de vingt-quatre heures quelqu'un qui, pendant sont séjour, aurait commis un crime ou délit, sont civilement responsables des restitutions, des indemnités et des frais adjugés à ceux à qui ce crime ou ce délit aurait causé quelque dommage, faute par eux d'avoir inscrit sur leur registre le nom, la profession et le domicile du coupable. »

» La solidarité de la commune mère, sa responsabilité civile et pécuniaire ne sont pas des idées nouvelles.

*
* *

« *Liberté humaine* et *pénalité corporelle* sont deux termes qui s'excluent; mais s'il y a incompatibilité radicale entre la *liberté indivisible* et la *pénalité légale*, il n'y a nulle incompatibilité entre la *liberté indivisible* et la *publicité pénale*. La publicité est une épreuve que ne craint pas, que souhaite au contraire celui qui croit pouvoir démontrer par le raisonnement qu'il a raison, fût-il seul de son avis contre son siècle tout entier.

» Je proteste contre la pénalité légale.

» Je propose de la remplacer par la publicité pénale.

» La pénalité légale, c'est la pénalité artificielle, c'est la peine arbitraire.

» La publicité pénale, c'est la pénalité naturelle, c'est la peine volontaire.

» S'imaginer que le jour où il n'y aurait plus de peines infligées à un homme par un autre homme, il n'y aurait plus de pénalité humaine, serait tomber dans une méprise aussi profonde que de croire à l'impunité de l'intempérance, qui cependant n'est justiciable que de l'hygiène et ne met en péril que la santé.

» Il est une multitude d'actes qui échappent à la compétence des juges, mais qui n'échappent pas à la réprobation de notre raison, d'autant plus sévère que le secret couvre ses arrêts. Le trouble, le regret, le chagrin, la misère, et ce qui est plus cruel encore que la misère, la ruine, la déconsidération, le mépris, la honte, sont ses châtiments ; car toute action porte avec elle inévitablement sa récompense ou sa peine, alors même que le contraire semble résulter d'apparences trompeuses.

» Cette loi générale serait encore plus absolue si la société n'avait pas deux impardonnables torts sur lesquels il serait temps qu'elle ouvrît enfin les yeux.

» Premièrement, elle ne se confie pas assez à la raison de l'homme ;

» Deuxièmement, elle néglige trop de la cultiver.

» Cependant la *viriculture* devrait être l'objet de tous ses soins, car cultiver l'homme, l'instruire, c'est lui donner intérieurement pour juges vigilants en premier ressort la réflexion, en dernier ressort le repentir. Là où le remords n'aura pas devancé la condamnation judiciaire, ce ne sera pas celle-ci qui le fera naître. Elle l'éteindrait plutôt qu'elle ne l'allumerait. Communément, le coupable qui est judiciairement puni se croit moralement quitte ; il considère que la peine prononcée efface la faute commise. Erreur funeste, dont la plus grosse part revient à la société ! Elle s'occupe trop d'ouvrir des prisons ; elle ne s'occupe pas assez d'ouvrir des consciences. Quand il s'agit de soldats, de fusils et de canons à longue portée et à tir rapide, elle ne marchande ni sur le nombre ni sur le prix. Mais au lieu de détruire les hommes, s'agit-il de les instruire? aussitôt elle cesse d'être prodigue pour devenir sordide : le nombre des instituteurs le plus petit au prix le plus bas lui paraît trop élevé. Aussi en a-t-elle pour son argent. Cependant, s'il est une profession qu'on ne saurait trop hautement honorer et trop largement rémunérer, afin d'attirer à elle les plus capables et les plus dignes, c'est celle des cultivateurs de l'enfance et des laboureurs de la jeunesse : car, enfant, on forme l'homme; homme, on ne le réforme pas.

» Ne craignez pas de vous confier à la pénalité naturelle, hors de laquelle il n'y a jamais eu, hors de laquelle il n'y aura jamais que des peines arbitraires ; toute recherche pour en déterminer l'exacte proportion, la juste mesure, sera vaine.

» J'ai, à cet égard, sous les yeux cet aveu d'impuissance d'un savant criminaliste, honorable magistrat, M. Faustin Hélie :

« La proportion des peines avec les délits, et par suite la mesure de la pénalité, est l'un des problèmes les plus redoutables de la législation pénale, l'un de ceux qui laissent dans l'esprit le plus de trouble et d'anxiété. »

» Si la mesure de la pénalité est un problème insoluble, la conclusion que je tire de ce douloureux aveu, c'est que la tâche incessante de la société doit être celle-ci :

« Que chaque homme ait en lui son juge et n'ait plus d'autre juge de ses actions que lui-même. »

» La pénalité que je propose n'est pas une pénalité que j'invente ; elle n'a rien d'arbitraire ; elle est la conséquence inhérente à l'action elle-même ; elle est à cette action ce que l'ombre est au corps ; elle est ce qu'elle doit être, elle est la publicité, rien de plus, rien de moins. Comme la pesanteur est une loi, la publicité est une loi. La publicité est dans l'ordre social ce que la lumière est dans l'ordre physique.

» Le générateur de cette lumière, c'est l'INSCRIPTION DE VIE ou *police d'assurance générale et spéciale*, qui est à l'impôt converti en assurance ce que l'essieu est à la roue, ce que le gond est à la porte ; l'INSCRIPTION DE VIE est, dans l'ordre de mes idées, concordantes toutes entre elles, l'axe sur lequel tourne la société.

» L'INSCRIPTION DE VIE, l'inscription individuelle et universelle n'a pas seulement pour objet la perception de l'impôt forcé transformé en prime volontaire d'assurance; l'INSCRIPTION DE VIE a encore un autre effet, c'est de donner, comme à Florence en 1427, il y a quatre siècles, le moyen d'abolir toutes les peines corporelles : peine de mort, travaux forcés à perpétuité, déportatation, travaux forcés à temps, détention, réclusion, emprisonnement.

» L'INSCRIPTION DE VIE est rédigée de telle sorte qu'elle sert d'acte de naissance, de passe-port, de carte électorale, de livret professionnel et de certificat d'actif. C'est le *warrant* transporté du navire à l'individu, de la chose à la personne. Aucun renseignement nécessaire n'y est omis; elle porte avec elle-même son propre contrôle, car, à chaque douzième payé, elle est visée par le percepteur, et une place est conservée au juge de paix pour y consigner la déclaration que le porteur de ladite INSCRIPTION DE VIE n'a encouru aucune condamnation, ni criminelle ni correctionnelle, toutes les fois que celui-ci le requiert de l'attester.

» C'est là une garantie absolument nécessaire dans tout pays où l'institution du jury et le suffrage universel sont en vigueur.

» Moyennant l'INSCRIPTION DE VIE, où tout est sommairement inscrit, le rôle des juges en matière criminelle ou correctionnelle change presque entièrement. A l'exception des réparations pécuniaires qu'ils continueraient de prononcer, soit à titre d'amendes, soit à titre de dommages et intérêts, on pourrait dire : Ils ne *condamnent* plus, ils *inscrivent*.

» Afin de la simplifier, l'INSCRIPTION DE VIE pourrait être sur papier de couleurs différentes.

» Le papier blanc indiquerait la vie irréprochable, la vie sans tache.

» Le papier jaune indiquerait la vie entachée, sur les antécédents de laquelle il serait prudent de se renseigner en remontant à la source.

» Le papier vert indiquerait que les taches qui avaient existé ont été effacées par une conduite honorablement expiatoire.

» Sachant qu'aucune porte inconnue, même celle de la plus modeste auberge, ne s'ouvrira pour lui donner asile, sans qu'en cas de doute il lui soit demandé d'exhiber son INSCRIPTION DE VIE, et, de plus, étant certain de ne pouvoir concourir à la signature d'aucun acte authentique sans cette exhibition préalable, l'auteur d'un meurtre ou d'un vol inscrit, si la haute surveillance de sa famille, ou, à défaut de famille, l'internat dans la Commune lieu de sa naissance, lui est trop pénible à subir, n'aura qu'une ressource, ce sera de profiter de l'option qu'il aura de se faire transporter, aux frais soit de sa famille, soit de sa Commune, à l'une des extrémités du monde, dans quelque colonie peuplée de ses pareils; car, aussitôt qu'un seul État aura consacré par l'usage la nécessité de l'INSCRIPTION DE VIE, ce perfectionnement du passe port, qui en aura tous les avantages sans en avoir les inconvénients, cet abrégé du casier judiciaire, cette contre-marque d'entrée et de sortie appropriée à l'amphithéâtre social, il n'y aura pas de pays civilisé qui ne s'empresse de l'adopter. Aussi cette expression consacrée : *Être mis hors la loi,* fera-t-elle promptement place à celle-ci : *Être mis hors la civilisation.*

» Je m'attends à ce que l'on me dise : Ce sera le rétablissement de la *marque!* ce sera un supplice égal à celui qui, avant l'ordonnance de **1670**, consistait à écrire sur le front du coupable la peine qu'il avait encourue !

» Je ne le nie pas; mais ce sera la marque transformée : ce sera la marque, plus la civilisation et moins la barbarie ; ce sera la conscience rendue transparente ; ce sera le *titre* de l'homme vérifié et constaté, comme dans les hôtels des monnaies on constate le titre des métaux.

» Le courage le plus rare, ce n'est pas, après avoir lancé un défi téméraire, d'oser affronter le péril de la mort: c'est, après avoir posé un principe, d'oser en déduire et en accepter toutes les conséquences, sans en excepter, sans en décliner une seule.

» J'ai ce courage qui consiste à nier qu'il soit au pouvoir de ce qui est logique de devenir absurde et de ce qui est vrai de devenir faux. Se prolongeât-elle d'un pôle à l'autre, ce ne serait pas en raison de sa longueur extrême qu'une droite deviendrait une courbe; ce serait parce qu'elle aurait changé de nature. Il en est ainsi de la vérité et de l'erreur. Où l'une finit, l'autre commence. »

*
* *

Telle est la conception hardie, presque audacieuse dans sa rationalité, de M. de Girardin, condensée le plus possible par des citations détachées et suivies.

Mais on ne pourra approfondir cette question immense qu'en lisant l'ouvrage lui-même. C'est une œuvre monumentale par la masse énorme de documents qu'elle renferme, à l'appui de chaque ligne, et qu'une simple analyse a dû nécessairement exclure. Ces documents sont péremptoires dans le débat, puisqu'ils émanent de rapports et d'études des hommes les plus compétents sur la matière : anciens ministres, inspecteurs généraux des prisons, criminalistes éminents, philosophes, historiens. L'auteur fait défiler devant l'opinion tout le passé de la justice sociale, sous les diverses formes de son avancement moral, avec le martyrologe de ses victimes.

Si l'on veut se rendre compte combien est profond et rapide le courant de l'esprit pénal, depuis l'origine des sociétés, esprit pénal sans lequel public et gouvernements se figurent que tout serait perdu en ce monde, l'on sera étonné de voir un penseur pratique assez hardi pour refouler si vaillamment le flot irrésistible du plus tenace des préjugés de l'histoire.

La tendance naturelle de tout siècle en progrès

est de constituer l'individualisme, pour l'émanciper et le rendre à la plénitude de ses droits, qui fondent l'ordre social tout entier. De même, la tendance naturelle de tout siècle en déclin est de paralyser l'individualisme, par l'ignorance, afin de l'asservir, de se substituer à son action et de l'exploiter sous la forme d'une aristocratie nobiliaire, religieuse ou financière.

Depuis cent cinquante ans surtout, la littérature, la philosophie, les intérêts matériels, les intérêts moraux travaillent activement à la constitution de cet individualisme régénérateur. Avec l'individualisme, viennent forcément et son initiative et sa responsabilité. Le citoyen remplace alors le sujet.

Eh bien ! la confiance de M. de Girardin dans l'individualité sociale honore son cœur et son caractère, sa belle intelligence et sa rigoureuse logique. Il a fallu du courage et une bien fine pénétration pour se confier à un individualisme sans foi, sans base solide, instruit par les seuls intérêts physiques et, par suite, disséminé à tous les points cardinaux par l'influence de tous les vents. Mais il a compté, du sein même de sa négation, sur la puissance du génie humain à démêler sa voie véritable ; sur la sagesse de la raison commune, venue de Dieu, pour ne pas confondre éternellement la vérité avec l'erreur ; sur les règles, qui s'imposent, de l'intérêt bien entendu ; sur l'organisation rationnelle du milieu destiné à contenir un entendement dressé par les mathématiques du droit et du devoir ; puis, il a proclamé les dernières conséquences du principe individualiste, dont ne se doutaient même pas les plus libres-penseurs, il a proclamé la liberté absolue, absolue jusqu'à l'impunité.

Quel hommage à la responsabilité humaine ! Vous êtes libres; mais vous êtes responsables. Plus vous aurez de responsabilité, c'est-à-dire de liberté, et plus, sans aucun doute, vous userez sobrement de cette indépendance. Hommes affranchis par tous les droits, il vous traite en hommes asservis par tous les devoirs.

C'est hardi. Il nous restera à démontrer que c'est logique, après avoir prouvé qu'on ne pouvait faire autrement. Le système de notre ami est rationnel et s'impose, à la condition toutefois, selon nous, qu'une forte croyance morale vienne émanciper le citoyen de lui-même, de ses instincts exclusivement absorbants, avant que la société ne le rende et aussi libre et aussi responsable.

Si on lui donne des droits absolus, il faut qu'il puisse reconnaître volontairement des devoirs souverains. Le tort, ce nous semble, de notre penseur, est de vouloir faire l'homme grand à l'égal d'une grande machine industrielle, dont la précision est calculée par les lois physiques, soit comme agencement, soit comme impulsion. L'homme doit rester ce qu'il est : un magnifique mécanisme matériel et moral, mu librement par des lois morales, qui concordent avec sa double constitution et avec les fins ultérieures que fait nécessairement pressentir la mise en scène du monde, cette splendide préface d'un livre inimaginable écrit pour l'infini.

La société catholique qui domine en France, et qui inspire encore l'esprit des institutions, remplace l'initiative individuelle par l'initiative divine. C'est le meilleur moyen pour supprimer toute liberté morale et matérielle; car c'est l'abdication de l'homme et son effacement; c'est l'activité de l'église et sa domination. Ces habitudes de la vie privée, dans la sphère politique, se traduisent par la croyance trop générale que nous, populations, nous ne sommes capables de rien, et que tout doit nous venir du gouvernement, chargé par suite d'un fardeau qui l'écrase et sous lequel il succombe par crises périodiques.

Selon le clergé, ce qui se fait de bien émane de Dieu; ce qui se fait de mal émane de l'homme. Vous accomplissez une action méritoire? c'est qu'alors vous aviez prié et que la grâce est intervenue. Dieu ou le prêtre, non l'homme, voilà ce qui a dû agir. Si votre action est mauvaise, c'est que vous n'aviez pas prié, c'est que vous n'aviez pas abdiqué sous la domination cléricale, et la grâce n'est pas descendue. Votre responsabilité devient par suite votre châtiment. L'Eglise n'est donc jamais responsable que de ce qui peut lui porter profit, et tout ce qui est nuisible reste à la charge de l'esprit d'émancipation. Rien de plus commode que cette doctrine politique. Elle est la clef de voûte de l'infaillibilité, d'une part, du despotisme, de l'autre. Le citoyen passif, par le prêtre, est rendu infaillible. La castration seule le rend fécond. Ses maux ne prouvent jamais qu'une chose, c'est qu'il n'est pas encore assez nul, c'est qu'il n'a pas encore assez abdiqué, c'est que le cléricalisme n'est pas encore assez puissant.

Quelle distance il y a entre cette façon d'agir et celle de M. de Girardin, proclamant la liberté absolue, avec sanction radicale de l'impunité.

Et, disons-le avant que de poursuivre, le public, s'il tient à s'instruire, devra creuser plus profondément qu'il ne l'a fait jusqu'à cette heure les œuvres complètes d'un penseur dont la jalousie de métier fit un utopiste sans consistance, si ce n'est même un spéculateur d'idées à réputation.

Chose étrange, mais qui se renouvelle tous les jours, cet esprit si profondément libéral n'a guère rencontré ses plus haineux détracteurs que dans le libéralisme. Cette observation nous porte à faire remarquer qu'un travers rasant le vice entrave l'avenir de la démocratie française, si même il ne le compromet. Celle-ci parle sans cesse, et à juste titre, d'égalité. Elle s'attaque à tout favoritisme et proclame les droits de tout mérite réel. Or, qu'un des siens s'élève, depuis la ville jusqu'au fond des champs, depuis l'ouvrier jusqu'au millionnaire parvenu, du garde-champêtre à l'homme politique, aussitôt ses pairs courent éperdus à sa poursuite, jalousie en tête, et cherchent à l'amoindrir par les plus déplorables diffamations. Ces démocrates égalitaires trouvent plus naturel qu'on nomme un grand seigneur qu'un modeste plébéien. Si le grand seigneur est nommé, ce qui arrive le plus souvent, même en république, ils regimbent aussitôt contre l'esprit d'aristocratie. Qu'un ouvrier fasse ses affaires par le travail et l'épargne, la médisance s'exerçant sur lui, et ce n'est pas rare, soyez-en sûr, elle viendra en droite ligne de la classe ouvrière.

L'homme éprouve donc plus le besoin de grandir à cette heure par le moral que par les intérêts matériels, ce qui n'est pas peu dire.

M. de Girardin, méconnu dans sa valeur intime, bassement défiguré dans la trempe audacieuse et libre de son caractère, trop fier pour n'être pas impartial, trop profond de pensée pour ne pas être humble; esprit bienveillant pour tous les mérites, dédaigneux de la médiocrité suffisante, quel que soit son rang; profondément antipathique à toute médisance; enthousiaste de l'utile, ennemi de l'intrigue, organisateur consommé; peu soucieux d'avoir personnellement tort, si son idée a raison; accordant lui-même une supériorité sur sa personne à des talents qu'il domine de haut, cet homme est peut-être plus méconnu encore dans la partie politique et sociale de son ensemble de principes, qu'on a mis de côté sans étude, parce qu'il n'appartient à aucune coterie, qu'il les brave toutes et ne met en œuvre que du simple bon sens, le bon sens du génie.

M. de Girardin, qui, dans le dix-neuvième siècle, a su poser les bases de la société française du vingtième, est riche, mais par hasard. L'aptitude de l'intérêt personnel lui manque. Nos anciennes relations et certaines calomnies ignobles, nous font un devoir de déclarer, nous qui le savons par cœur, que si cet homme eût mis au service de ses propres intérêts les immenses facultés qui le caractérisent, il serait aujourd'hui à la tête de l'une des plus belles fortunes d'Europe.

Cette noble intelligence, c'est en tout le rationnel, c'est-à-dire l'absolu : c'est la logique. Pas de compromis : la vérité, comme la liberté, est une. Cet homme d'État eût bien accepté une forme politique quelconque, afin d'éviter les renversements révolutionnaires, qui ne fondent rien, qui compromettent tout, et surtout l'esprit public ; mais à la condition de faire admettre ses grands principes, qui sont le fond des choses et qui imposeraient tôt ou tard leurs institutions propres et nécessaires à un régime politique quel qu'il fût.

Si l'ordre social était pratiquement aussi logique que les principes, M. de Girardin serait mille fois dans le vrai. Son erreur n'est donc que relative. Il est venu un siècle trop tôt. Ou plutôt, non, il est arrivé à temps. Ne faut-il pas labourer la terre et l'ensemencer pour la rendre féconde ? A d'autres la moisson. A lui, comme à tous les pionniers du progrès, la tâche ingrate et les labeurs méconnus !

On accuse M. de Girardin d'être personnel, et nul homme ne s'efface, nul homme ne fait disparaître comme lui sa personnalité, devant les déductions mathématiques du courant intellectuel qui l'emporte. Étranger aux sentiments haineux ou à la jalousie, les individus pour lui ne sont rien et les idées sont tout. Un ennemi est pour M. de Girardin un véritable ami, qu'il substituera volontiers à sa propre initiative, s'il est le plus capable d'assurer le triomphe de ses doctrines. Nous ne sachons pas de ténacité plus impersonnelle que cette ardente nature. Si elle comptait moins sur les autres et plus sur elle-même, elle n'aurait pas à subir ces heures de profond et de douloureux découragement, que nous ne cessons de lui reprocher depuis, surtout, que la France est plus que jamais en belle humeur de folies.

On a beaucoup cherché à démontrer que M. de Girardin est un esprit changeant. Nous l'avons déjà dit : on ignore donc la première loi du progrès ? Le progrès est l'opposé de la foi, qui est un temps d'arrêt et la négation des recherches. Or, pour progresser, il faut chercher, et pour chercher il faut douter. Donc le doute est la condition du progrès et le premier auxiliaire de la civilisation, cette grande loi de conquête divine par laquelle le génie humain sort des termes limités de la matière, pour concevoir les splendeurs possibles de l'infini, avec un Dieu scientifiquement démontré, et qui, pas plus que nous, ne saurait accomplir des actes sans but, rien, non rien que pour se donner la jouissance sénile et sauvage de ne construire que pour détruire, de n'édifier que pour incendier. N'est-il pas stupide de faire de la probabilité avec l'absurde?

Dieu avait envoyé un ange blanc, blond et bleu à notre brillant publiciste. Cette vie jusqu'alors si agitée — un orage — comme celle de l'albatros, l'oiseau des tempêtes, faisait son bonheur de cette jeune innocence. Le ciel ayant repris son bien à la terre, cet homme moralement de fer, avec un cœur de mère, ne s'en consolera jamais et son dernier souffle s'éteindra dans son incurable douleur !

*
* *

Le législateur, instruit et dominé de tout temps par le prêtre, qui ne sait que crétiniser Dieu, en le faisant à l'image de nos pires faiblesses, et en cherchant à définir ce qui de sa nature est indéfinissable : l'infini ! le législateur, qui a toujours cru au bienfait des punitions, établit une échelle pénale. Ce qui nous frappe dans les pénalités et ce qui démontre leur impuissance, c'est qu'elles n'atteignent que le menu fretin des délits et crimes contre la société.

Un homme apprend une nouvelle importante, soit par sa position publique, soit par un personnage officiel ou de sa maîtresse ; car dans le monde celle-ci obtient plus de confidences que la femme légitime, ce que n'ont pas prévu vos prévoyantes pénalités. Cette nouvelle doit impressionner la Bourse. Notre spéculateur politique organise dès lors son opération en conséquence et gagne des millions. Ces millions qui passent dans la caisse des gros bonnets, sortent du tiroir des petits capitalistes. Comment nommez-vous l'action qui les en fait sortir ?

La loi pénale, que tant on vante, reste paisiblement au râtelier ; mais qu'un voleur de pacotille prenne cent sous dans la poche de son voisin, aussitôt grand fracas de zèle au parquet. On dirait que la justice sauve la société et notre perturbateur social est fourré en geôle. Si même ce gredin est allé un peu trop loin dans l'exercice de ses fonctions et qu'il passe devant les assises, son collègue de la Bourse deviendra bel et bien un juge, qui le condamnera avec la plus imperturbable austérité. N'est-ce pas dérisoire en même temps que démoralisateur ? Et croit-on que l'esprit public ne relève pas scrupuleusement de pareilles anomalies ? Ces germes de dissolution, en tombant, poussent toujours, dans la bonne terre comme dans la boue.

Un mari donne un enfant à sa femme ; mais la femme lui en rend une demi douzaine. Cela s'est vu ; il paraît, du reste, que cela se voit encore. Or, le mari embrasse tous ces enfants avec une égale tendresse ; six intrus partageront son bien avec son fils unique ; il assume la responsabilité grave de sept enfants, quand un seul le représente ; son nom et son honneur se trouveront placés entre les mains de caractères puisés à toutes les origines. De plus, le fils unique de l'époux, flanqué de frères si divers, ne courra-t-il point le risque de n'être pas le préféré de la mère, dont les souvenirs seront probablement alléchés par une foule de circonstances accessoires?

Que de crimes dans un seul crime, que d'amères et poignantes duperies; que de vols; que de faux; que d'usurpations et, toutes ces turpitudes, bien autrement terribles que celles qu'abritent les prisons et les bagnes, à l'ombre de la loi, impuissante ici comme toujours, alors qu'il s'agit d'atteindre les grands coupables.

La loi édicte des peines sévères contre la suppression d'état des enfants : la réclusion et l'emprisonnement.

Or, de toutes parts, dans le monde, chacun court à ses plaisirs, sans s'occuper de ce qui peut suivre et sans calculer que ces jouissances grossières font pulluler de pauvres êtres qui encombreront, soit le taudis du pauvre, soit les hospices d'enfants-trouvés. De même, nul ne s'inquiète, en parcourant les rues et les chemins; nul ne se demande, en songeant aux prisons, aux bagnes, aux lieux de débauche, s'il n'y a pas là, tout auprès ou au loin, un enfant à soi, notre sang, notre propre existence, une responsabilité suprême.

Et comme les hautes et moyennes classes cherchent surtout leurs passe-temps dans les classes inférieures, que d'enfants de riches transfusés en des situations indigentes. Que de suppressions d'état par suite hors d'atteinte des pénalités. L'immoralité est-elle moins grande? le préjudice moins grave? la perturbation qui en résulte est-elle moins dangereuse? N'est-ce pas là exposer un enfant dans un lieu solitaire, afin de s'en débarrasser? N'est-ce pas le mettre en face de toutes les perditions, sans lui pouvoir tendre une main secourable, que vous ne refuseriez pas au premier venu en péril? Votre enfant pleurera, se débattra contre toutes les vicissitudes de la vie, et vous ne serez point là pour lui dire : prends courage, mon cher fils; ma bonne fille, prends courage dans l'amour de ton père! Le père? il les a reniés; il les a poussés dans un torrent; ils se noient et, à la même heure, lui sourit coquettement à ses espérances ou à ses convoitises !

Oh! si les lois pénales, sans lesquelles la société croit ne pouvoir vivre, si ces lois sont d'une si déplorable nullité en matière de répression réelle, il est un Dieu, une âme, une autre vie; il est surtout un souvenir, comme le dit Rousseau, qui, en face de la justice éternelle et lui-même épuré de ses obscurcissements terrestres, exercera un jour de bien terribles représailles sous la forme du remords.

Que de criminels innocents et dont la conscience vit en paix, parce que le régime des pénalités existe et ne les désigne pas.

Un avocat, la gloire de l'éloquence parlementaire, est obligé de violer la loi pour rester honnête homme et remplir ses devoirs paternels. Puis, l'esprit de parti l'insultera, parce qu'il n'aura point imité ces hommes intègres, scrupuleux à l'égard des formes légales, et qui n'ont ni un regard, ni un souvenir pour cette foule de créatures par eux jetées sur la

9

place publique, où la tentation du crime ira les ramasser.

Un candidat, par toute sorte de bassesses, arrive à la députation. Notez que, dans son pèlerinage électoral, il s'est efforcé de n'avoir aucune opinion personnelle. Bien instruit du caractère politique de chacun, il est entré dans les vues de tous successivement. Représentant de tout le monde, il ne représente au fond que son propre intérêt. Il a repoussé le mandat impératif de tous les partis, mais il était de tous les partis en paroles. C'était une ambition. Il n'est pas d'abnégation supérieure à cette cafarderie.

Notre député demande beaucoup au gouvernement et le gouvernement, à charge de revanche, lui accorde les faveurs sollicitées. Il faut dire aussi que si cet honnête mandataire politique corrompt le pouvoir, pour se faire corrompre à son tour, les électeurs n'ont pas manqué, par d'incessantes sollicitations, de le forcer à se rendre corrupteur pour devenir corrompu.

Parce qu'un homme est protégé, ce n'est pas un motif pour qu'il soit un fonctionnaire ou un employé modèle. Le contraire a souvent lieu. Mais, qu'importe? Ce ne sont pas des droits que l'on protège. Ce sont des influences qu'on désire conserver, récompenser, ou acheter. Comme contre coup de toutes ces nominations, de tous ces avancements obtenus, que de carrières brisées; que de labeurs, que d'études en pure perte; que de droits acquis emportés par le vent. L'on vous exproprie sans indemnité du patrimoine que votre travail, comptant sur la justice, assurait à votre avenir. Et ce sont là les procédés généraux en usage dans toutes les branches des services publics. Les exceptions ne rendent que plus criante la règle.

Mais, qu'un individu ignorant et sans pain franchisse une clôture pour arracher quelques pommes de terre, la prison s'ouvrira pour lui et il sera déshonoré.

Que l'on demande à notre judicieux député quelques centaines de mille francs destinés à l'instruction publique, il les marchande, tandis que vous lui verrez voter, de gaîté de cœur, des centaines de millions pour la guerre, sans oser un mot d'avertissement, sans permettre même aux hommes courageux de le faire entendre. Il vote l'ignorance, c'est-à-dire la révolution, et si on lui demandait cinquante millions tous les ans pour commanditer le travail, pour tendre à la suppression du prolétariat et cicatriser la plus périlleuse des plaies modernes, vous le verriez rire à gorge déployée, en criant à l'utopie des songes creux, à la ruine des contribuables. Cette nullité, comme il en existe trop en politique, coûtera quinze milliards à son pays, la plus grosse perte qui ait existé depuis le commencement du monde, ce qui ne l'empêchera pas de rentrer en paix chez lui, d'y jouir de sa petite ou de sa grosse aisance et de critiquer les hommes politiques nouveaux, tout en faisant parfois condamner à la prison boulangers, pêcheurs et braconniers.

La misère et l'ignorance, surtout dans les pays de suffrage universel, deviennent l'origine de maux et de dangers incalculables. Toutes les intrigues politiques, toutes les usurpations, tous les despotismes vont prendre feu à ces foyers souterrains. Le mandataire du pays n'en vote pas moins l'impossibilité d'instruire : il votera l'ignorance, c'est-à-dire la révolution anarchique, ruine de l'esprit social plus encore que de ses intérêts, et la loi prononcera l'incarcération du publiciste qui se sera permis de discuter la religion de la majorité des Français, comme si les majorités, majorités d'apparences, et non de fond, créaient le vrai ou le faux d'un principe; comme si les majorités païennes de l'antiquité, toutes majorités qu'elles étaient, purent imposer à l'avenir que Jupiter, un Dieu de paille, fût le vrai Dieu du monde.

Toutes les religions de convention sont partielles. Elles sont pratiquées ici et font rire là-bas. Les mathématiques sont universelles. Elles s'imposent et ne sollicitent pas. Le vrai Dieu sera universel comme la science et, comme elle, s'imposera au jugement public. Hors de là, il n'est que du préjugé et de la surprise.

Mais notre député votera des centaines de millions pour la guerre, sans souci des milliers de victimes qu'elle fera dans les rangs de l'armée; sans autrement prendre peine pour les milliers de familles que laboureront toutes les douleurs; sans pressentir les désastres certains, soit pour l'étranger, soit pour sa patrie, qui dévasteront de riches contrées, remplaçant le bien-être par la misère, les œuvres du travail et du progrès humain par les œuvres d'un fleuve qui déborde, d'un incendie qui se propage, d'une épidémie qui sévit.

Et quand, pour citer la France, votre député, né de l'intrigue, aura voté la guerre avec soumission; que cette guerre aura déshonoré son pays; qu'elle lui aura enlevé dix ou quinze milliards, en compromettant la prospérité de son commerce et de son industrie pendant un demi-siècle; qu'elle aura inspiré à l'ennemi l'audace aveugle, mais éternellement provocatrice à une réparation, d'oser porter la main sur des provinces françaises, comme pour la forcer à se souvenir, quand il eût fallu tout mettre en œuvre pour faire qu'elle oubliât; qu'injure plus grossière, des hordes de sauvages, braves jusqu'à substituer la mécanique au soldat, auront occupé notre sol des années durant, en garantie de notre parole d'acquitter le montant d'une rapine; qu'une révolution sera survenue pour donner droit de cité au gouvernement officiel de la canaille, ce produit affligeant de l'impéritie sociale; alors, notre homme politique rentrera chez lui, où il étalera dans un cadre ses médailles de représentant, tout fier de ses œuvres et prêt à recommencer.

L'ignorant misérable, que des entraînements aveugles auront jeté dans la rue, un fusil à la main, tandis que ses instigateurs tiendront leurs malles prêtes pour l'étranger; ce communard, qui ne sait pas ce qu'il est, et que le triomphe même de la cause qu'il soutient eût laissé tout aussi nécessiteux que la veille ; cet homme, de par la loi, est condamné à la déportation, dupe de ses amis, dupe de ses ennemis, dupe de la société, dupe souvent d'une foi sincère.

Par application du droit commun, chacun étant responsable des dommages causés, comment se fait-il que Napoléon III, ses ministres, son conseil privé, les députés, les sénateurs, tous ceux qui ont voté la guerre, ne soient pas condamnés solidairement à payer les désastres qui en ont été la suite? Pénalement, qu'ils soient respectés. — Qui ne se trompe? — Mais civilement, qu'ils subissent la responsabilité de leurs œuvres. Si ce n'est la personne, c'est la fonction briguée qui engage.

Que l'un de nous fasse un faux pas au marché de son bourg, et tombe sur un panier d'œufs — qui ne trébuche? — il sera magistralement condamné à payer les œufs cassés.

Telle est la justice distributive des lois pénales. Dès lors, en principe : premièrement, la société a-t-elle le droit de punir? Secondement, les pénalités produisent-elles les résultats qu'on recherche?

Lisez l'ouvrage de M. de Girardin, et il vous sera démontré, avec preuves authentiques à l'appui, que le régime pénal est aussi faux qu'impuissant, et que la sécurité qu'il inspire est tout aussi périlleuse que pusillanime.

Vous vivez avec le vol et le meurtre de la guerre

sans les punir. La société résiste au choc depuis des siècles et ne succombe pas. Mais, qu'elle est sa tendance ? Meurtres et vols de la guerre deviendront si préjudiciables, par les perfectionnements de la science que, pour y mettre un terme, la guerre finira par être supprimée.

Vous vivez avec les délits et les crimes énormes, avec les hideuses plaies occultes et insaisissables dont nous venons de fournir un court aperçu, sans les châtier, sans pouvoir les atteindre pour en faire des exemples terribles et la société n'en périt point.

Pourquoi ne vivriez-vous pas de même, sans pénalités, avec la petite monnaie des délits et des crimes prévus par la loi et si imparfaitement, si dangereusement réprimés par elle ? La répression n'est que l'instruction des instincts pervers, et le problème des libérés vous reste sur les bras sans pouvoir être résolu.

Les libérés des crimes secrets et non poursuivis, dont nous avons reproduit quelques cas, s'amendent mieux que les vôtres, soyez en sûrs, et finissent par être utiles à l'ordre social, après lui avoir causé de si graves préjudices matériellement et moralement. Si l'on peut dire qu'il y a eu un bienfait dans leurs désordres, c'est parce que la législation les a considérés comme moraux, s'est abstenue, et en a fait le renvoi sous la haute surveillance de leur conscience et de l'opinion.

Vous frappez le moins. Le plus vous échappe. La société vit avec les plus grands crimes sans les poursuivre. Pourquoi ne vivrait-elle pas avec les petits dans l'impunité? L'esprit public vient à bout des premiers; pourquoi ne viendrait-il pas à bout des seconds?

Améliorez la position matérielle et morale des basses classes. C'est par ce procédé qu'on produit le meilleur régime pénal. L'opinion publique se chargera du reste et opérera sur elles, avec le succès qu'elle obtient et qu'elle obtiendra de plus en plus sur les aberrations privées des classes supérieures.

Il faut donc, avant tout, chercher à former l'opinion et lui apprendre ses devoirs et leur usage. L'individualisme dans la foi scientifique, avec la liberté et sa responsabilité, est la première conquête à obtenir en vue de ce résultat.

Puis : droit de penser, droit de dire, droit de faire. Le droit de faire régi par le contrôle général du droit de penser et de dire; impunité; publicité; l'esprit public, cette juridiction aussi inexorable qu'irrécusable et qui joint et frappe ce qu'aucune pénalité ne saurait atteindre, l'esprit public à l'état de jury universel et permanent.

Qu'on ne l'oublie pas et qu'on mûrisse cette pensée : il est plus facile de vivre en règle avec les lois pénales qu'avec sa conscience, et tel se moque des tribunaux, qui tremble un jour ou l'autre devant ses propres remords.

Aujourd'hui, plus que jamais, le catholicisme affecte la prétention de sauver la société civile et politique d'une civilisation qu'il qualifie, avec une feinte épouvante, de révolution. Lui seul, à l'entendre, est capable d'opérer ce sauvetage. Il n'existe pas de principe à sa hauteur pour accomplir cette régénération urgente et radicale.

La monarchie de droit divin, qu'il accepte pour l'accomplissement de cette tâche, n'est à ses yeux qu'un auxiliaire. Il est le principe; elle n'en est que la conséquence et l'instrument. Au prêtre, dès lors, la domination ; à la royauté légitime l'exécution. L'esprit se place logiquement en tête de la matière : c'est rationnel. Mais, quel est cet esprit?

Or, de notre temps, tout le monde raisonne. Il s'agit, dès lors, de savoir ce qu'est le catholicisme en face de la raison moderne.

Notre époque peut-elle y croire, ou ne le peut-elle pas? Si elle le peut, avec ses investigations mathématiques ou son inexorable bon sens, le catholicisme aura raison sur nous. Il sauvera la société en s'emparant de l'individu, selon l'esprit de sa doctrine, et en lui faisant subir une complète et féconde castration. Il lui imposera la foi, après lui avoir imposé l'obéissance aveugle et, le triomphe de l'initiative individuelle ayant consisté à subir sa propre paralysie morale, à renoncer à sa liberté, à sa responsabilité, l'ordre se fera naturellement par la seule activité de l'Église, dans laquelle se sera ensevelie avec quiétude la pieuse existence du sujet.

S'il peut en être ainsi, faites : rien de mieux. Nous jouirons d'une paix absolue : celle de la fin du monde. Mais, pour que ce résultat soit conquis, il faut que le catholicisme s'empare suffisamment de la raison humaine pour la contraindre à s'abdiquer. Il faut qu'il la dompte par l'évidence scientifique de son irréfragable certitude, au point de devenir pour elle le fait réel d'une démonstration d'algèbre.

S'il ne le peut pas, jetons hardiment à l'écart des apparences trompeuses de foi morale, qui, plus qu'une impiété déclarée, compromettent l'ordre social et menacent son avenir.

Les semblants de religion font les semblants de citoyens, les semblants d'honnêtes gens, les semblants d'opinion publique. Il faut, avant tout, de la réalité, fût-elle mauvaise, pourvu qu'elle soit tangible.

En ce moment, à la place d'une forte espérance, qui est le foyer domestique et politique de l'homme, vous n'avez que le rire vertigineux de son désespoir. Ce désespoir s'égaye ; il n'est pas sombre, il n'est pas sérieux. Il y a là de l'indifférence comme en matière religieuse. C'est le pire état des âmes. C'est leur décomposition. Il y a de la virilité dans l'être qui se désespère ; cela prouve qu'il sent le besoin d'espérer. Mais, ricaner dans la douleur, s'égaudir en sarcasmes amers sur les plus impérieuses et les plus saintes aspirations de notre nature, c'est prouver une décadence intellectuelle, une atrophie des caractères et des cœurs capables de toutes les dépravations.

Le type de notre époque, dans ses œuvres et dans le goût du public, c'est *Orphée aux Enfers* qui nous le révèle. Offenbach incarne l'esprit du temps. Il est le Voltaire des hautes et moyennes classes qui, le jour, vont aux églises et fréquentent le soir les Bouffes-Parisiens. Ne trouvent-elles aucune analogie entre les religions modernes et les religions anciennes, qui tant les mettent en gaîté, avec leurs dieux si complètement hommes et leurs déesses si gracieusement femmes ; avec leurs pontifes si divinement absolus et si faillibles dans leur infaillibilité ?

Cet état de l'art ne ressemble guère aux Moissonneurs de Léopold Robert avec leurs sublimes mélancolies. Ceux-ci furent une transition. Et que cette transition était éloignée des tendances de la *Belle Hélène*. C'était l'attente entre le flux et le reflux. Cette contemplation de la tristesse sereine allait-elle passer à la vie morale ou à la vie débraillée de la matière? La matière l'a emporté, grâce à l'insuffisance des principes religieux et philosophiques de notre siècle.

Les costumes, dans l'armée, préoccupent infiniment plus que son instruction. Pour le Français, toujours le fond après la forme.

La matière l'a emporté sur l'art, sur les sentiments, sur les principes, et les opéras en vogue sont devenus des airs de cancan; la cocotte est passée femme du monde; l'amour a franchi la jeune fille pour ne s'émouvoir qu'à l'aspect des gros sous. Comme le dit M. de Girardin : « Nous ne sommes plus des lecteurs sérieux et d'étude : le journal a tué le livre. » Nous ajoutons que le journalisme, dans l'intérêt d'une clientèle de boutique, donne de plus en plus un corps au fractionnement national. Le vice irrémédiable de la presse, aujourd'hui, c'est que, généralement et relativement, ce sont des médiocrités qui jugent au point de vue théorique, sous l'autorité d'une publication quotidienne, la pratique si difficile des choses et la valeur des hommes, hommes la plupart du temps supérieurs aux journalistes. La gloire, sous la tutelle prussienne, est entrée dans le commerce et s'est faite épicière. L'amour se donne et ne se vend pas. Il n'y a pas de milieu pour la gloire entre la prostitution et la virginité. Ayant exigé au-delà de ses frais de guerre, la gloire allemande, comme une belle juive qui spécule, a vendu son honneur en vendant ses morts!

Le citoyen, avons-nous dit, n'existe qu'à la condition d'être doué d'une croyance profonde, qui, par dessus tout, l'émancipe de lui-même pour en faire l'homme réellement libre, libre de soi pour l'être d'autrui.

A cette heure, qui maudit la féodalité, il existe plus de serfs à l'égard de leur propre personne que n'en comptèrent jamais les seigneurs féodaux. Plus vous donneriez de libertés à ces esclaves, moins ils seraient indépendants. Chacun est devenu son propre négrier. C'est à qui se fera le plus vite acquérir par ses passions, qui revendent sans scrupule à tous les asservissements du corps et de la conscience.

La liberté, ne nous lassons pas de le dire, la liberté n'est absolue et féconde que dans l'indépendance de soi. L'homme ne reçoit point la liberté, il se la donne. Ne la demandez pas au Pouvoir; elle ne dépend pas de lui. Elle est en vous ; et la politique aurait beau la proclamer sans limites, que, si l'égoïsme vous asservit, cet égoïsme l'aliénera.

Nous le demandons, dès lors, le catholicisme peut-il produire cette foi morale qui émancipe l'homme de lui-même, et qui s'impose par un raisonnement scientifique absolu, seul instrument investigateur admis de nos jours.

Nous répondons catégoriquement : non ! et nous allons le prouver. Mais, avant, il faut faire une remarque : Qu'elle est l'œuvre de la civilisation ? Son œuvre est de développer les richesses matérielles et morales, pour donner à l'homme la plus forte quantité possible de bien-être moral et matériel. Tel est le but du progrès logique, progrès impérieusement voulu.

La civilisation ne peut ce résultat que par l'initiative individuelle. Il est de ces efforts tellement grands, pour atteindre des hauteurs si élevées, qu'il leur faut l'énergie de chacun, multipliée par celle de tous, individuellement libres, ce qui décuple leur action. La civilisation ne peut ce résultat par l'initiative d'une collectivité passive et despotique, soumise à la volonté d'un seul, pape ou pontife, congrégation ou jésuitisme quelconque, crétinisés par l'esprit de caste, ce qui implique l'effacement des citoyens et l'abdication des masses. Or, à l'humanité seule les tâches humaines.

Le cléricalisme est un despotisme et la négation de l'individualisme. Il est donc une entrave, non un stimulant. Il est plus qu'insuffisant, il est un obstacle. Quand la civilisation ne peut progresser que par tous, la domination exclusive de quelques-uns mène droit à ses conséquences naturelles, qui sont la barbarie par l'ignorance, et l'exploitation de cette barbarie par les aristocraties politiques et religieuses.

Que le catholicisme ne supprime pas l'individualisme; qu'il l'émancipe, et il n'a plus de raison d'être : il disparaît. Ce n'est plus qu'une aberration dans le catalogue des choses passées.

Il faut cependant une foi à l'individualisme émancipé, puisque sans foi il n'est point d'émancipation, l'indépendance ainsi acquise n'étant jamais que la pire des servitudes : le servilisme volontaire ! cette âme damnée de toutes les tyrannies, soit personnelles, soit populaires, soit théocratiques.

Longtemps le Français eut au suprême degré la foi et le courage ; l'un naît de l'autre, et, selon la nature originelle de son esprit national, il fut alors chevaleresque et pieux. Ayant dégénéré, c'est-à-dire qu'ayant assez grandi pour perdre une croyance sénile, mais que, n'étant pas monté assez haut pour atteindre à une croyance virile, il ne représente plus que la parodie de ces deux grandes qualités : il n'est aujourd'hui que courtisan et fanfaron. N'adorant plus les choses célestes, il rampe devant les puissances terrestres !

Il s'agit donc de savoir si le catholicisme est croyable pour la raison positive de notre époque ?

Nous examinerons ensuite la portée de la philosophie, comme principe capable de retremper nos mœurs en déclin.

Et disons-le avant que d'entrer en matière, les pages qui vont suivre sont extraites de notre ouvrage des premiers jours de 1870, ayant pour titre : *Le Concile et les temps nouveaux ou Catholicisme et université.* Il établissait un parallèle entre les effets du savoir et ceux de l'ignorance, au point de vue de la réforme de l'homme et de la reconstitution des sociétés.

L'empire le laissa paraître et se répandre en paix. Nous espérons que la république ne se montrera pas plus chatouilleuse. Si nous faisons cette remarque, c'est que parfois les dénominations et les formes cachent les extrêmes opposés et que nous avons peu le goût des choses jésuitiques. Depuis que nous tenons une plume, nous remontons avec effort, mais en vain, le courant de tous les matérialismes, soit philosophiques, soit religieux, et comme ces luttes nous ont valu la prison sous le gouvernement de 1830 et l'exil sous le coup d'État impérial, il nous serait assez désagréable de progresser encore et d'encourir la déportation sous le régime légitimo-orléano-impérialo-clérico-communo-jésuitico-et rococo républicain.

Voilà, nous l'espérons, un titre qui représente dignement la patriotique unité nationale d'un grand peuple au lendemain d'affreux revers. Qu'était-ce donc la veille? Que sera-ce désormais? En face de cet ignoble égoïsme, trouvera-t-on surprenant que nous ne cessions de faire appel à l'abnégation d'un puissant principe moral?

Le catholicisme, en chaire et dans ses publications, prend toute latitude pour discuter, même insulter au besoin, les diverses philosophies. Les épithètes les plus accentuées sont pour sa mansuétude paroles d'évangile. Il doit bien nous être permis d'examiner à notre tour, surtout en n'imitant pas les nudités de langage de nos adversaires.

*
* *

« Nous ouvrons le catéchisme, et nous y lisons les vérités algébriques suivantes :

« Pouvons-nous être sauvés sans la foi?

» Réponse : « Non, car elle est le fondement de notre religion et de notre salut. »

» Puisque la foi est le fondement de cette religion, sur quoi repose cette foi?

» Voici son premier principe et son point de départ : « Il n'y a qu'un Dieu, mais ce Dieu se compose de trois personnes distinctes, le Père, le Fils et le Saint-Esprit, qui ne font qu'une seule et même personne. »

» Le catéchisme ajoute : « Que veut dire qu'elles sont distinctes? Cela veut dire que l'une n'est pas l'autre. »

» Ainsi, il n'y a qu'un seul Dieu. Il se compose de trois personnes distinctes : l'une n'est pas l'autre. Bien qu'elles soient distinctes, elles sont identiquement la même, puisqu'elles forment un Dieu unique.

» Unique et distinct ! Peut-on employer des mots plus disparates pour exprimer des idées plus opposées? Faire l'unité de choses distinctes! Ce qui est distinctement soi, le faire distinctement autrui? Mais vous n'avez donc pas le moindre sentiment matériel et métaphysique du moi ? Le moi est indivisible, et deux moi, pétris, tordus, saturés par la main de Dieu lui-même, seront toujours des personnalités distinctes, ou bien elles n'étaient pas un moi distinct, elles n'étaient pas une unité. Une unité ! L'unité existe-t-elle, oui ou non ? Si elle n'existe pas, ne vous servez point du mot : distinct. Vous servant de ce mot, vous admettez que l'unité existe. Eh bien ! une unité et deux unités feront toujours, et malgré Dieu, trois unités. Si elles n'en font qu'une, étant distinctes, l'unité ne saurait être : à ce titre, il n'y a pas de moi, il n'y a pas de Dieu.

» Voilà où vous conduisent vos tours de force, que vous nommez des mystères, parce qu'ils sont des contre-sens. Ils mènent droit à l'impossible, c'est-à-dire à la négation et à la négation de toutes choses, à commencer par la divinité et finissant par les mathématiques.

» Permettez-nous de vous dire, messieurs les cléricaux, que nous préférons vous taxer d'ignorance, que de douter des mathématiques et de Dieu. »

*
* *

« L'Église, qui est infaillible, dit : Il n'y a qu'un seul Dieu, éternel, infini, composé de trois personnes.

» Du moment qu'il n'y a qu'un seul Dieu composé de trois personnes, et que ce Dieu ainsi agrégé est éternel, les trois personnes de sa composition sont donc éternelles comme lui, puisqu'elles sont lui-même.

Si elles sont éternelles, elles n'ont pas de commencement. Il ne peut y avoir dès lors ni un père, ni un fils, l'un devant toujours précéder l'autre.

» D'un autre côté, ce qui est éternel ne commence pas et un fils commence.

» Que signifie donc cet abus stupide de mots? Voilà un fils du même âge que son père? Il est éternel comme celui qui l'a engendré? En vérité, c'est trop fort. S'il est fils, il est engendré par le père; s'il est éternel comme son père, n'ayant pas été engendré, il n'est pas un fils. Vous seriez plus dans le vrai des expressions de notre langue et des idées compréhensibles en disant, qu'étant éternels tous les deux, ils se sont l'un à l'autre mutuellement leur propre père et leur propre fils, ce qui pourrait encore ressembler à une grosse sottise, l'infini ne pouvant commencer.

» L'infaillibilité du Pape et de l'Église en matière de dogmes, et c'est là leur spécialité, nous paraît être quelque peu en défaut.

» Si cette infaillibilité reste intacte sur ce point, et qu'il y ait en réalité un fils, alors Dieu n'a pas été éternellement composé des trois personnes de la trinité. Il existe un moment dans la durée où le fils n'était pas encore. La trinité se réduisait donc à deux.

Puisqu'elle se compose aujourd'hui de trois, à quelle époque du temps le fils naît-il à son père?

» Les mots doivent signifier ce qu'ils disent. Or, si Dieu a un fils, il lui naît d'une mère quelconque. L'Église n'en parle pas. Elle n'y a jamais songé. Quelle lacune! Vous célébrez avec enthousiasme la mère terrestre du fils de Dieu, et vous laissez dans l'oubli le plus profond une mère céleste, dont vous n'eûtes jamais l'idée, vous Église infaillible?

» Le fils de Dieu a dû cependant avoir une mère, puisque vous lui reconnaissez un père.

» Elle devait être éternelle comme Dieu. Avant la naissance du fils, il existait bien, vous avez raison, une trinité; mais différente de la vôtre, et en cela vous faites encore erreur, puisque, à la place du fils, qui n'est pas né, se trouve sa mère.

» Aujourd'hui votre trinité comptant de plus un fils, se compose donc de quatre personnes.

» Peut-être prendrez-vous le parti de nier la mère éternelle. C'est ce qu'il y a de mieux à faire pour rester infaillible. Cependant, pardon, votre faillibilité éclatera toujours pour l'époque précédant la venue du fils, puisque jusqu'alors la trinité ne comptera que deux personnes du sexe masculin, sexe spécialement dévolu au Saint-Esprit, et qu'un père aura, sans mère, donné le jour à son fils, à moins que le Saint-Esprit ne soit hermaphrodite.

» Ne serait-il pas plus simple d'accorder que le mot fils, dont vous vous servez, signifie quelque chose, et qu'un fils naît de père et mère? L'on en est quitte ainsi pour porter à quatre le nombre des personnes de la trinité. Puisqu'il faut un contre-sens, mieux vaut qu'il soit naturel.

» Mais, allez-vous répondre avec une astuce irréfutable : le père, le fils et le saint-esprit sont éternels. Le fils, ne commençant pas, n'est point engendré et se passe par suite de mère. C'est tout simple ; mais il est tout aussi simple qu'étant éternel et ne commençant pas, il se passe également d'un père.

» Voyons, de quelle façon s'y prendra un père et même un père Dieu, pour arriver à la paternité de ce qui existe en même temps que lui ? Voilà deux éternités ; l'éternité, c'est l'absolu, c'est l'infini : comment l'une de ces éternités aura-t-elle le pas sur l'autre ? Comment un absolu quelconque, un infini sera-t-il subordonné, excédé, par quoi que ce soit supérieur et même égal à l'infini et à l'absolu ?

» Si l'infini peut être débordé par l'infini, l'infini n'existe pas. Il n'existe pas plus que l'unité dont nous parlions il y a quelques instants. Votre logique théologique nous mène loin : elle nous entraîne à la négation des seules choses qu'on ne puisse nier : l'infini ! l'unité ! et, cela, pour donner à l'erreur l'apparence de la vérité. Notre condescendance peut-elle bien aller jusque-là ?

» Nier l'infini ! nier l'unité ! les deux extrêmes d'un tout. Nier le tout : l'unité matérielle, l'unité morale : le un, le moi.

» De là à la négation de l'indépendance individuelle et du citoyen, il n'y a point un pas, il faut reculer. Renverser la vapeur est le propre de toutes les castes privilégiées. »

*
* *

« Le fils de Dieu s'est fait homme. Voilà précisément la cause de définitions quelque peu hasardées. Vous vouliez un Dieu sur la terre pour le représenter et dominer en son nom : il vous a fallu un état civil. Le concile de Nicée se charge de la besogne et s'en tire comme il peut. Peut-être pouvait-il mieux faire.

» Mais, enfin, le fils de Dieu se fait homme. Pourquoi ? Le premier homme et la première femme, que le Créateur avait créés faillibles, faillissent naturellement. C'était dans leur destinée : ils y obéissent. Personne ne peut s'en plaindre. Et comme Dieu sait tout, il ne l'ignorait pas en les créant. Il paraît donc étrange de châtier d'une peine éternelle ce qui ne vous demandait pas à naître, et que vous placez en naissant sur la pente de fautes qui, vous le saviez, devaient être commises et par suite punies. Dès lors, et d'après les hypothèses cléricales, la création aurait été conçue dans un sentiment de colère et de vengeance contre des innocents, ce que nous nions de la manière la plus formelle.

» Le premier homme et la première femme ayant péché, comme Dieu savait qu'ils pécheraient et se damneraient, le Père éternel les condamne à la mort, non-seulement eux, mais encore leurs descendants et, cela, à perpétuité.

» Cette justice sommaire paraît rigoureuse. Du reste, si elle n'est pas divine, elle est toujours bien catholique et cléricale. C'est la préface de l'inquisition et de l'auto-da-fé.

» Le fils de Dieu, dans sa miséricorde, veut racheter les péchés du monde. Pour cela, que fait-il? D'après l'Église, il se fait homme, sachant qu'il sera crucifié, comme tout ce qui, dans la vie publique ou la vie privée, marche vers le progrès par la vérité et le dévouement, sous les yeux de la routine et de ses abus, qui pratiquent peu ce simple principe : le bon sens est l'opposé de tous les extrêmes.

» Ici, nous devons exposer quelques scrupules et demander des explications.

» L'Église dit : Il n'y a qu'un seul Dieu. Ce Dieu a beau se composer de trois personnes, celles-ci n'en font qu'une : c'est entendu.

» Maintenant, examinons. »

*
* *

« Lorsque le fils de Dieu veut se faire homme, il faut que ce Dieu se détriple, qu'on nous passe le mot, et qu'il vienne sur la terre subir toutes les angoisses, toutes les tribulations de nos destinées humaines, tandis qu'en même temps il jouit au ciel de toutes les béatitudes célestes. Ne faisant qu'un avec la trinité, et la trinité restant en paradis, nous sommes dans le vrai par cette hypothèse.

» Par suite, nous ne comprenons pas une agonie si douloureuse en ce monde, le jour de la passion, alors qu'on goûte à la même heure toutes les douceurs des sphères éternelles, sachant fort bien que cette agonie n'est qu'une affaire de forme et que la toile une fois baissée, les costumes remis à leur place, la comédie finie, les acteurs redeviennent tout naturellement ce qu'ils étaient avant la représentation.

» L'Église et les fidèles s'apitoient donc sur des souffrances très-pathétiques, en idée, mais heureusement fort imaginaires.

» L'on nous saura gré, nous en sommes convaincu, de la découverte d'une aussi irrécusable consolation.

» Pour racheter le péché originel, voilà Dieu, l'offensé, qui s'immole, afin d'obtenir une grâce, de qui ? De lui-même.

» Nous ne comprenons pas trop qu'on se tue pour obtenir de soi une faveur. C'est aller chercher bien loin ce qu'on a sous la main et préférer étrangement le composé inexplicable au simple le plus bénin.

» Parmi nous, qui ne sommes cependant pas d'une perfection angélique, l'on trouverait insensé qu'une personne cherchât à se fléchir par son propre sacrifice. Si l'on a besoin d'être apaisé, c'est qu'on n'a pas pardonné, et, quand on n'a pas pardonné, l'on ne s'immole point à l'offenseur.

» Mais, répondent le Pape et les conciles, il y a trois personnes en Dieu, et c'est le fils qui se sacrifie généreusement pour désarmer le courroux de son père.

» C'est bon, mais l'Église nous dit, elle qui est infaillible : il n'y a qu'un seul Dieu.

» Composez-le de trois personnes tant qu'il vous plaira, vos trois personnes n'en font qu'une, et vous aurez beau les disjoindre pour les besoins de la cause, du moment qu'il n'y a qu'un seul Dieu, ce qu'est l'un, l'autre l'est, et ce que fait celui-ci est fait par celui-là. Le Père, le Fils et le Saint-Esprit, ce n'est qu'un Dieu, qu'une même action.

» D'après cette vérité indéniable, l'on peut aller très-loin, trop loin même; car l'on irait jusqu'à l'anéantissement de l'immortalité divine dans le sépulcre, s'il était bien prouvé que le crucifié fût très-sérieusement mort. Une immortalité qui meurt, c'est assez piquant.

» Puisque la Trinité c'est Dieu, un seul Dieu, qu'un membre de la Trinité meure et Dieu est mort. Que reste-t-il pour le tirer du néant? Rien. Donc il n'y a plus de Dieu. Au nom de qui ou de quoi va donc parler et décider l'Église? »

*
* *

« Dans ce monde les pères et les mères n'ont pas l'habitude de chérir les assassins de leurs enfants, et le moyen mis en œuvre par le fils de Dieu, afin de calmer son père, nous paraît quelque peu hasardé.

» Comment le fils de Dieu opère-t-il son départ du ciel, alors qu'il vient s'incarner parmi nous? Est-ce avec le consentement paternel ou sans ce consentement?

» S'il y a consentement, le fils qui juge en Dieu de la sublimité de son sacrifice, doit avoir par contre une singulière idée de l'humeur sacerdotale de son père, qui le laisse souffrir gratuitement le martyre, au lieu de tresser des couronnes à la noblesse généreuse de ses intentions.

» Si rien n'a été convenu, le Père doit trouver bien étrange que son fils l'ai si mal jugé, puisqu'il le traite en bourreau implacable et divinise en lui la rancune? Priver un père de son fils bien-aimé, cela, afin d'aggraver les fautes de l'homme, déjà si coupable pour avoir cueilli un fruit, n'est-ce pas voler un bœuf pour se faire pardonner d'avoir dérobé un œuf? Voulant justifier le péché mortel commis par une pomme, une femme, un homme et un serpent, et obtenir de soi-même, ce qui est plus fort, le pardon des coupables, Dieu se fait massacrer par ceux-ci. Ce procédé est tellement divin que nous ne le comprenons pas.

» Dieu châtie les hommes dans le paradis terrestre parce qu'ils ont désobéi, et vous voulez qu'il en fasse des assassins, des assassins de Dieu lui-même, les monstres, pour avoir une bonne occasion de leur pardonner?

» L'invention de la télégraphie, de la vapeur et de la photographie nous paraît supérieure à des inventions de cette portée intellectuelle.

» Cette logique nous atterre. Est-elle bien de notre temps? La raison est-elle parfaitement sereine à son contact? La raison n'est peut-être pas toujours raisonnable avec excès; cependant, doit-on la blâmer sévèrement si elle trouve la découverte de semblables procédés religieux empreints d'une légère teinte paradoxale?

» En définitive, comme il n'y a qu'un seul Dieu et que les trois personnes de la trinité se sont mutuellement l'une l'autre, l'incarnation du fils pourrait bien n'être qu'un jeu enfantin. Dieu fait semblant en effet d'être conçu, d'être mis au monde, d'être crucifié, sous le nom d'une de ses parties, tandis qu'il règne simultanément au ciel fort en paix sur sa destinée sépulcrale : si vous le voulez, du reste, il est en toute réalité dans le sein de Marie et sur la croix; mais notre raisonnement doit le suivre dans cette hypothèse orthodoxe.

» Marie est restée vierge après comme avant son

enfantement. Cette définition est démontrée par l'anatomie catholique. Il est des esprits assez libres-penseurs, quatre-vingt-dix-neuf sur cent, qui inclinent à croire qu'on ne saurait être à jeun après déjeuner. Mais ce sont là des esprits obscurcis par une civilisation dépravée, dépourvus de toute foi, prévenus surtout par les aspirations révolutionnaires, et qui méritent à peine la qualification d'impies, ce qui tranche tout.

» Le sujet est délicat. Qu'on nous permette donc une grande réserve.

» Les trois personnes de la trinité ne forment qu'un seul Dieu. Donc l'Église se trompe lorsqu'elle annonce la chaste opération du Saint-Esprit. La vérité est que le Saint-Esprit, le Père et le Fils, bien que distincts, ne forment qu'un Dieu unique, et que, logiquement et malgré nous, nous sommes contraints d'admettre qu'après s'être procréés tous ensemble, les trois n'en faisant qu'un, ils résidèrent tous les trois dans le sein de Marie sous forme trinitaire : le Père, le Fils et le Saint-Esprit.

» D'où il résulte fatalement que le Père est son propre fils, le Fils son propre père et le Saint-Esprit un acteur inqualifiable pour un saint. Ce sont là choses surhumaines, il est vrai; mais il ne s'agit ici que de choses divines. Y croit qui peut, par exemple.

» Nous nous abstenons de toute réflexion, pour ne pas nous écarter de la gravité que comporte un sujet aussi auguste, suffisamment démontré, on le comprend, par sa qualification de mystère. »

Le mystère! Un mystère, c'est la négation des œuvres de Dieu et la négation de Dieu lui-même; car, sans preuves de la divinité, comment la reconnaître et se fournir la démonstration de son existence?

Le mystère, c'est l'ignorance devenant la science; c'est l'erreur prenant la place de la vérité; ce sont les mathématiques remplacées par le chaos; c'est la raison transformée en folie; c'est la confusion substituée à la création; c'est Dieu dictant des lois sublimes à un monde, qu'il livre aussitôt à tous les vertiges d'évolutions anarchiques. Qu'à l'extrême limite de notre regard nous cessions de voir, c'est naturel; notre vue n'est pas l'infini; mais, jusqu'à ce terme, nous trouvons toutes choses dans l'ordre logique des déductions rigoureuses de la science. Il n'y apparaît aucun contre-sens, aucun mystère. Si nous cessons d'apercevoir, ce n'est pas qu'il y ait là rien de mystérieux; on n'y constate que la fin de nos perceptions.

Qu'on ne nous parle donc pas de mystères. Ils ne signifient qu'une chose: c'est que, dans un âge de barbarie, des barbares ont écrit à tort et à travers des choses ridicules, à la hauteur de leur temps et de leurs croyants, et que, pour les faire admettre à une raison plus éclairée, il n'y a pas eu d'autre alternative que de crever les yeux de cette raison, par la défense de tout examen et l'ordre d'obéissance.

*
* *

« Le Pape, infaillible, est le représentant de Dieu sur la terre.

» Voilà un homme qui représente Dieu. Vous tous qui avez ouvert les livres de science ou qui avez réfléchi en contemplant les splendeurs de la création, que le néant précède et d'où il a fallu la tirer de fait par l'initiative de la pensée, sans un seul indice à suivre ! sans un seul, sur une table rase ! comprenez-vous bien l'immensité de Dieu ?

» Eh bien ! un homme, notre pareil, fait comme nous, comme nous impuissant, variable, sujet à l'humeur, aux défaillances, à la colère, à la haine, à l'ambition, à l'avarice, cet homme représente Dieu. Nous pourrions le représenter ; ce n'est qu'une question de chance et de hasard. Croyez-vous que nous, pauvres petits misérables, pleins d'orgueil et de petitesse, à moitié infirmes au sein de la plus florissante santé, nous ne devons pas être fiers, ou plutôt très-profondément humiliés du but de nos espérances finales, en songeant que nous pourrions nous être à nous-mêmes notre représentant de Dieu ? Regardons-nous dans une glace, scrutons tous les replis de nos cœurs, jetons un coup d'œil sur nos habitudes, voyons, franchement, nous sera-t-il possible, sans rire aux éclats, de faire cette réflexion : voilà qui pourrait représenter Dieu !

» Quelle représentation ! quand on sait comprendre du sein d'un infini d'infiniments petits, l'infiniment grand, l'absolu, l'éternel !

» Mais, ce n'est là qu'un détail de l'œuvre catholique. Le Pape, qui représente Dieu, est infaillible ! C'est là, selon nous, le plus grand tour de force de l'esprit humain ou plutôt de l'absence de cet esprit.

» Infaillible, un homme, le fini, la raison, la passion, les sens, le cerveau, la maladie ! Il est vrai que le Saint-Esprit peut toujours intervenir par opération; mais comment un homme, même Pape, peut-il distinguer l'inspiration de l'Esprit-Saint des inspirations diaboliques de Satan, qui sait si bien s'y prendre pour faire dérailler la locomotive humaine?

» Du moment que vous avez fait pour le Pape ce que vous avez fait pour l'homme; que vous leur enlevez leur individualité, que vous les paralysez dans une foi aveugle, afin que le Saint-Père soit l'inspiré de Dieu et l'homme l'inspiré du prêtre, qu'est-ce qui garantit que ces deux machines, sans initiative propre, ne subiront pas l'influence du démon, auquel l'on vous enseigne à croire, et qui sait prendre tant de formes jésuitiques? Où trouver un contrôle rectificatif?

» De contrôle? Il n'y en a pas. Et c'est dans cette absence de contrôle; c'est dans cette magnifique invention de l'aveuglement de la foi, que réside l'infaillibilité papale. Jamais dans l'histoire un despotisme absolu ne découvrit un principe plus absolu de domination. La soumission à l'Église étant un principe de foi et même le premier, qu'importe qu'un pape se trompe, si l'examen de ses décisions est interdit? L'erreur en pareil cas est tout aussi vraie que la vérité, et le représentant de Dieu sur la terre aura beau dire blanc et noir sur le même sujet, ce qui, dit-on, est arrivé, il ne pourra manquer d'être infaillible. Son piédestal inébranlable, c'est la soumission : la soumission, l'effacement, c'est la divinité du catholicisme. C'est en même temps la mort individuelle et la suppression du citoyen.

» Mais aussi, faut-il le dire : si le citoyen ressuscite, le pape meurt : l'un ne peut vivre qu'aux dépends de l'autre, puisqu'ils se nient mutuellement.

*
* *

» Le pape est infaillible. Plus d'erreurs, rien que des vérités par lui. La perfection dès lors dans ses faits et gestes, ses doctrines, ses discours, sa conduite, ses encycliques, même celles dont on interdit la lecture en France, ce qui nous paraît assez cavalier à l'égard d'un infaillible représentant de Dieu.

» Enfin, il est où il n'est pas le représentant infaillible de la divinité. S'il l'est, et si vous le croyez, comment vous, gouvernement purement terrestre, avez-vous osé, ayant la foi, interdire la lecture de sa parole quasi divine? Un pouvoir incrédule, libre-penseur, mahométant ou païen en eût-il fait plus?

» Vous n'avez cependant pas l'habitude, vous gouvernement impérial, de vous attaquer si directement à Dieu, et nous ne sachions pas que vous ayez interdit au soleil de se lever, au sang de circuler, à l'oiseau de naître d'un œuf. Vous si soumis au Dieu indéniable, avec le reste des hommes, vous donnez des leçons à son représentant? Il peut donc à votre avis commettre des erreurs, ce mandataire infaillible?

» Vous, pouvoir humain, dont le caractère est public, vous avez condamné cette autorité divine, qui ne peut être réelle et durer un jour, qu'à la condition d'être infaillible, c'est-à-dire exempte de contrôle, et vous ne voudriez pas nous permettre à nous, pour notre compte privé, et pour ce qui nous intéresse le plus au monde, d'examiner la teneur de son mandat?

» Qui donc signe aujourd'hui une délégation les yeux fermés? La foi l'a fait, l'esprit d'examen ne le fait plus.

» L'histoire de quinze siècles est là qui atteste l'infaillibilité des souverains pontifes dans leurs doctrines, leurs discours, et surtout leur conduite. L'histoire, ce juge austère, qui ne s'incline devant aucune puissance, qui a flétri tant de crimes vénérés, réhabilité tant de victimes saintes, qu'on ne traduit pas à la barre des tribunaux et qu'aucun acte arbitraire ne frappe d'exil.

» Niez l'histoire, qui est le passé accompli, ou affirmez le doute religieux avec les masses, si peu soucieuses des convenances gouvernementales en fait de religion.

» Messieurs, les gouvernements ne décrètent pas la foi comme la loi. Il suffit de quelques signatures pour que des gendarmes arrêtent, pour que des juges prononcent, pour que des armées marchent et se massacrent. Il faut la vérité à la croyance, la vérité relative, il est vrai, celle dont l'esprit et la raison sont susceptibles, selon le temps et le degré de savoir; mais comme il faut admettre, pour ne pas rire de soi, que la raison et l'esprit cultivé du dix-neuvième siècle ne sont plus les mêmes que ceux du moyen âge, vous nous accorderez que les démonstrations alors admises peuvent fort bien n'être pas aujourd'hui concluantes.

» Et voilà pourquoi les vêtements du petit enfant ne lui servent plus lorsqu'il est devenu un homme. Pourquoi donc s'obstiner à nous faire chausser à quarante ans nos petits souliers de sept ? Il faut être plus sérieux que cela lorsqu'on a l'honneur de gouverner des nations.

*
* *

» Hors de l'Église, point de salut. Modèle d'un despotisme complet : négation de l'initiative individuelle et par suite de la liberté civile et politique;

obligation de la foi, qui vient légitimer l'absence de toute activité morale; un chef spirituel infaillible, représentant de Dieu et décrétant vos idées, vos sensations, les modes de votre âme et de votre cœur; proclamation que, hors la domination du prêtre dans la famille, dans la commune et dans l'État, il n'est pas de sécurité possible et que tout est perdu.

» En un mot, que fit-on de l'homme, au sein de l'Église, dans son meilleur temps? Une momie, plus un souffle de terreur, que des eunuques nommèrent adoration.

» Jamais araignée n'a mieux étreint une mouche dans ses fils gluants et mortels avant que de la sucer.

» C'est là de la logique serrée où nous ne nous y entendons pas. Comme tout s'enchaîne! Et, du moment qu'une chose est obtenue : l'abdication de soi, le catholique est parfait et le catholicisme devient la plus puissante et la plus idiote des tyrannies.

» Hors de l'Église, point de salut. Nous n'avons jamais rien trouvé dans les écrits des publicistes condamnés pour excitation à la haine entre les diverses classes de la société, qui approchât d'une excitation pareille.

» Vous croyez ou vous ne croyez pas. Il faut toujours en revenir à cette alternative : il n'y a pas de milieu. Or, si vous croyez, comment pouvez-vous toucher, comment pouvez-vous même regarder un être qui n'est pas solidement ancré dans votre Église, un hérétique, un infidèle? C'est un damné!

» Votre foi devrait le fuir soit par pitié, soit par horreur. Et, cependant, chaque jour dans le monde vous vous liez avec des gens honnêtes, sans vous enquérir de leurs sentiments religieux. Est-ce parce que vous avez le féroce égoïsme d'être indifférent à leur damnation? En aucune manière. Mais l'indifférence religieuse est en vous, cette indifférence qui déjà est une négation. Vous vous croyez tolérant? Erreur. Vous êtes peu croyant, voilà tout. Les préceptes de votre foi se sont épuisés en abusant de votre confiance.

» Hors de l'Église, point de salut? Mais qui est-ce qui est aujourd'hui carrément assis sous les voûtes de votre Église? Qui est-ce qui est l'Église franchement, sans réserve, à la vie, à la mort? ce qui revient à dire : où est la foi?

» Dans l'ordre des choses morales, il existe des nécessités, comme dans l'ordre des choses matérielles. De même que toute nation, que tout groupe réel d'intérêts prennent forcément leur centre et leur circonférence, leur équilibre, en un mot, la civilisation, c'est-à-dire le progrès, a plus ou moins pénétré les esprits pour les ramener à la loi de l'appréciation commune. De là, prépondérance de ce qu'on nomme l'esprit public, qui est le libre examen et la formation d'une opinion à peu près conforme à l'examen de tous.

» Chacun accepte donc aujourd'hui ou repousse de la foi enseignée ce qui lui convient, d'où il résulte qu'il n'est guère en ce moment de protestants purs, de juifs purs, de catholiques purs, et, généralement, ce sont les mêmes choses qui sont repoussées ou acceptées. Du moment qu'il y a un triage par indépendance, il n'y a plus de foi, quelque mince que soit l'égratignure.

» Qu'en face des grandes douleurs ou des infirmités, c'est-à-dire à l'heure où l'esprit se trouble, la croyance reprenne son empire telle qu'elle fût inculquée, c'est ce qui arrive communément. L'homme qui se noie s'accrocherait à un fer rouge aussi bien qu'à un chien enragé. Tous les noyés ont les doigts crispés, et vous trouvez dans leurs mains jusqu'à du sable, auquel ils se sont cramponnés comme à une branche de salut.

» Mais la foi n'a point exclusivement pour but d'aider à mourir ceux qui agonisent. Sa mission est d'une autre portée. Elle doit soutenir la vie dans le plus grand développement de sa puissance, et la mettre à même d'imposer une règle protectrice à ses passions. Son but est non-seulement individuel, mais encore social.

» Or, pour diriger la conscience, il faut avant tout qu'elle domine la raison, et s'impose à elle comme une démonstration algébrique, dont personne ne s'avise de douter.

» Cette foi de l'homme, des nations, des siècles, qui doit être quelque chose d'aussi clair et d'aussi imposant que le soleil, savez-vous de quelle sorte on la traite? Savez-vous, après la doctrine et le dogme capital que nous venons de discuter, de quoi se compose le culte, et ce qui sert à rehausser ses pompes, à provoquer l'adoration d'âmes en quête de quiétude pour le présent et de confiance pour l'avenir?

» Dans un village voisin de notre résidence, une grande solennité religieuse, à laquelle assistaient des évêques et une multitude de prêtres, réunissait cinquante communes autour d'un reliquaire. Une immense population de femmes, d'enfants et de jeunes filles, avec des masses de curieux, étaient venues, les unes pour rire, les autres pour adorer le prépuce de N.-S. Jésus-Christ.

» Exposer un prépuce! comprend-on cela? Les transporter processionnellement lui et son idée, à la barbe du Code pénal, qui se tait, tandis qu'il condamne bel et bien les publicistes qui en disent moins et en cachent plus : c'est à n'y pas croire.

» Les Égyptiens adoraient des carottes, et l'on s'en moque. Les catholiques adorent des prépuces, et il paraît que c'est plus édifiant.

» Les opérations du Saint-Esprit étant toutes chastes, ne vaudrait-il pas mieux exposer et processionner le prépuce métaphysique du Saint-Esprit?

» Quand nous avons vu le catholicisme promener en grande pompe par les rues un prépuce, avec la gendarmerie à cheval en tête, et dix mille femmes en queue, nous n'avons pu nous défendre de porter un regard, dans le lointain du passé, sur cette grande figure humaine du Christ, et nous nous sommes dit :

» Du haut du ciel, où il doit être avec les hommes de bien, lui qui était monté sur la croix pour donner au monde l'égalité, la liberté, la fraternité, que doit-il croire en voyant une doctrine comme la sienne aboutir à la marche triomphale de son prépuce? Est-ce là le but qu'il voulait atteindre? Est-ce là, messieurs du clergé, la mission qui vous incombait après la lecture de son évangile? N'est-ce pas dégrader cette mission morale, toute d'éducation publique, toute vouée à la formation de citoyens dignes et sérieux, amis de l'ordre et du progrès, intelligents de la grandeur de Dieu et de l'immortalité de l'âme? N'est-ce pas ravaler cette mission religieuse et politique, conservatrice pour ce monde et pour l'autre, que de la faire aboutir à la pompe d'un prépuce?

» Mais, vous n'avez jamais recherché que les formes plastiques dans la sphère religieuse. Aujourd'hui plus que jamais vous tentez de prendre par les yeux et d'absorber par les sens. Vous n'avez su faire que de l'art, alors qu'il n'y avait à faire que de la morale; art dans les cérémonies, art dans les drames de la torture, art dans les flammes des bûchers, art dans la violation audacieuse des lois les plus saintes de l'ordre naturel, en prescrivant un célibat impossible qui est, soit la chute scandaleuse, soit la dépravation de l'esprit par l'obéissance.

» Bien des gens nous diront : Comment osez-vous parler de pareilles indécences sans rougir? Nous en parlons, mais en rougissant : en rougissant qu'en plein dix-neuvième siècle et en plein jour, une religion quelconque fasse ses splendeurs d'un prépuce.»

*
* *

Tel est le Dieu et par suite le fondement du catholicisme, dont la morale n'est autre que celle des diverses philosophies et de la tradition humaine en progrès. Mais, quand une religion repose sur un Dieu défini comme la Trinité, avec une vie future faite à l'image d'un crétinisme sacerdotal, sombre, ambitieux, sans entrailles, comme tout ce que n'ont pas assoupli l'amour et la paternité avouables, cette religion n'est plus intellectuellement de son époque, qui la déserte, et l'esprit des peuples erre désormais à l'aventure sans règles et sans appui.

Et, tout en nous disant que le Français est le peuple le plus spirituel de la terre, l'on affirmera que cette trinité est le Dieu des majorités en France? La loi le proclame. C'est ainsi que les lois perdent leur grand caractère social, leur souveraineté, le prestige du respect inviolable qui leur est dû, pour tomber dans le domaine d'une éternelle désuétude.

La désuétude des lois est la pire des anarchies. Mieux vaudrait supprimer toute législation et, cependant, nulle puissance ne saurait faire qu'une loi fondée sur le mensonge consacrât une vérité et devînt une loi de droit, quand elle ne serait qu'une loi de forme. La loi tire bien plus sa valeur de l'esprit auquel elle s'applique, que de l'autorité législative dans laquelle elle puise son origine. Ce qui constitue la loi réelle, c'est l'opinion, non sa délégation plus ou moins altérée par l'intrigue et par les intérêts personnels du législateur, qui, dès le jour de son élection à long terme, devient exclusivement lui-même dans l'oubli des devoirs du mandat.

Une assemblée souveraine aura beau décréter que deux et un font un, sa loi, toute loi qu'elle sera pour les gendarmes et pour les geôliers, n'en sera pas moins caduque auprès de la nation, qui est la souveraineté nationale absolue, et qui, de son autorité privée, la dépouillera de tout caractère légal et passera outre. Quand la législation écrite est mauvaise, il est une législation de vérité mentale qui la domine et finit par l'anéantir.

Non, la trinité n'est pas le Dieu de la majorité des Français, quelles que soient les lois qui le proclament. La loi peut être illégale, et elle l'est dans ce cas, parce qu'il n'est pas plus permis à la loi qu'à un homme de mentir et d'usurper. Or, la croyance est du domaine exclusivement intime de la conscience, et aucune souveraineté politique n'a le droit d'y porter atteinte, que par des abus entachés de nullité dès l'origine; car sans liberté de conscience, la première des libertés individuelles, il n'est pas de souveraineté nationale, il n'est pas de souveraineté individuelle : il n'y a pas de loi parce qu'il n'existe plus de droit. Du reste, bien que Jupiter ait été le Dieu des majorités dans les âges antiques, cela ne l'empêche pas aujourd'hui de chahuter gaillardement sur nos théâtres, d'y provoquer de fous rires et d'arracher çà et là quelques larmes de tristesse aux hommes de réflexion.

La Compagnie de Jésus a si bien compris la situation présente, avec son tact habituel, que voyant le dogme discrédité et le fond compromis aux yeux des masses, elle s'est rejetée sur la forme et a développé outre mesure les pompes du culte, pour attirer encore, s'il était possible, par la magie des sens fascinés. Est-ce que vous trouvez une croyance solide en même temps qu'efficace, dans ces représentations théâtrales ? Les directeurs de théâtres, à défaut d'une haute littérature chez les auteurs et d'un goût plus épuré chez le spectateur, n'agissent pas différemment à cette heure. On ne recherche plus de toutes parts que le choc de la matière sur la matière. La guerre, interprétée par les Prussiens, en est là comme tout le reste. Les puissances morales disparaissent et c'est naturel, quand on ne peut plus mettre à leur tête, pour guide et pour flambeau, que le principe dit éternel d'une trinité pusillanime.

Expédients! que tous ces subterfuges, messieurs du clergé. Ce n'est pas là une croyance ; ce n'est plus cette vie robuste et absolue, qui s'empare d'une existence, pour vivre en elle, compagne inséparable, féconder ses germes les plus intimes et devenir aussi impérieusement nécessaire à son esprit que l'air à ses poumons. Or, il est en nous un principe, que blasent les jouissances physiques, quelque complètes qu'elles soient, et dont les aspirations débordent les sphères connues. A ce principe, il faut une espérance suprême, qui soit la certitude. La certitude, pour une raison éclairée, comme pour le simple bon sens des époques en progrès, résulte logiquement de la science, et seule, celle-ci, peut imposer ses démonstrations.

Quand une chose n'est croyable qu'à la condition d'être acceptée par l'ignorance, à l'égal des mystères, elle est à tout jamais perdue. Ceux qui pourraient y croire, les ignorants, voient beaucoup mieux qu'ils n'entendent, et les pratiques religieuses des hautes et moyennes classes ne les empêchent pas de s'apercevoir que la vie usuelle de ces dévots, est exactement la même que la vie des impies. Pas plus d'abnégation, pas plus de générosité, pas plus de sacrifices chez les uns que chez les autres. Quelques sous d'aumônes, tendus avec étalage, ne sont pas la preuve d'une foi.

Le catholicisme n'étant donc plus suffisant pour la société moderne, qu'il tendrait du reste à pervertir, en lui fournissant des moyens publics d'hypocrisie politique et privée, plus périlleux cent fois que les turpitudes qui s'affichent, examinons si la philosophie peut prendre sa place et dominer désormais l'esprit social des peuples.

*
* *

Nous tous aujourd'hui, ignorants et gens simples, en l'absence des religions et faisant appel à notre sens commun, nous disons : toute création veut un créateur. C'est juger par analogie. Si l'on rencontre au sein du désert une belle statue : Spartacus, ou une bonne montre de Bréguet, on ne dira pas : magnifique produit du hasard et des lois propres de la matière. Nous dirons tous, sans exception : ces œuvres sortent forcément de la main d'un ouvrier habile. Pour affirmer ainsi, il n'est pas nécessaire de voir et de toucher la main ouvrière. L'effet révèle une cause et l'on ne se trompe pas en l'énonçant.

Nous ajoutons : la création existe, donc il y a un Dieu. Ce Dieu est éternel et précède toute cause de vie, puisque, cette cause n'existant pas, il n'eut jamais pu être produit.

Ce qu'est ce Dieu en lui-même, nul ne le sait; nul ne le saura jamais, en dépit des définitions burlesques des divers cultes, le fini étant incapable de jauger l'infini.

Comment cette existence éternelle s'y est-elle prise pour constituer la création, c'est ce qu'il sera toujours impossible de savoir, et tenter de l'expliquer est souverainement puéril, un agent borné comme l'esprit humain, étant incapable de grandir seul jusqu'aux proportions génératrices d'un agent illimité.

Mais, voilà précisément ce que l'esprit d'investigation, inhérent à notre nature, ne sait concevoir : l'abîme qui sépare l'infini du fini. La profondeur insondable des moyens de l'un peut-elle être comparée aux forces tangibles qu'additionne l'autre?

Il n'y a donc qu'une chose à faire; constater un fait existant, pour arriver à la constatation de sa cause. La cause démontrée, les conséquences qui en dérivent deviennent la base d'une suprême espérance pour l'humanité, et l'esprit social doit dès lors s'organiser dans l'ordre, pour répondre à ses fins, au lieu de trouver, par la négation, sa sauvegarde logique dans l'anarchie.

Si, au contraire, la création s'est produite d'elle-même, la preuve de Dieu disparaît, rien ne le démontre dans la nature, les révélations cléricales moins que tout autre chose, et l'on ne sait pas pourquoi il existerait à nos yeux, n'en apercevant trace nulle part. Ce serait là une invention toute gratuite, sans but et sans utilité.

S'il n'y a pas de Dieu, pas de vie ultérieure : le néant. Par contre, l'obligation de tirer le plus grand parti possible d'une actualité sans retour; la morale remplacée par l'instinct des jouissances immédiates les plus absolues, tout obstacle devenant immoral, relativement à notre furtive personnalité, dont chaque privation serait un irrémédiable suicide. Le principe une fois admis, les masses se chargeraient, pour sûr, d'en tirer logiquement les conséquences les plus rigoureuses.

Or, la philosophie moderne tend à pénétrer de plus en plus dans les sombres profondeurs de cette voie. Le création, d'après elle, n'a d'autre origine que les lois propres de la matière.

Charles Darwin étant le chef d'école de cette philosophie, qu'on nous permette un bref résumé de son ouvrage sur l'*Origine des espèces par sélections naturelles*. Le meilleur moyen de le reproduire avec exactitude, est de l'emprunter à son enthousiaste traducteur, Mme Clémence Royer.

« Ch. Darwin part du principe, plein de promesses pour l'avenir et généralement admis, de l'indépendance des éléments anatomiques et même histologiques des êtres vivants. Avec la plupart de nos physiologistes les plus éminents, il voit dans la cellule le point de départ et la matière première de toute organisation. Chaque cellule, on le sait, est animée d'une vie propre, en vertu de laquelle elle produit d'autres cellules, et par cette faculté de génération indépendante de tous les éléments constituants de l'organisme se forment successivement tous les tissus, tous les organes d'un être. Jusque-là Darwin est avec la science contemporaine, et nous le suivons volontiers.

» Mais il continue seul sa route vers l'hypothèse, lorsqu'il suppose, par suite d'une analogie fautive, bâtie sur les noms des choses plutôt que sur leurs rapports réels, que, puisque chaque cellule a la faculté de générer d'autres cellules, ce que tout le monde peut voir et constater, elle doit avoir aussi celle de produire des germes de cellules. Il y a là une très-fausse notion du germe lui-même qui tend à lui enlever son caractère de phénomène physique, réel, tangible, pour en faire une sorte d'entité métaphysique, affranchie des lois de la matérialité.

» Qu'est-ce qu'un germe pour le physiologiste? C'est déjà un organisme visible, composé d'un certain nombre de cellules vivantes, qui, en certaines circonstances données, continuent leur évolution en générant d'autres cellules, suivant une certaine loi, fixe pour chaque race, quant à ses phases principales, mais variable en réalité chez chaque unité ou individualité organique, quant aux détails. Si chaque cellule d'un germe a été elle-même germe de cellule, il y aurait donc des germes de germes, et ces germes eux-mêmes resteraient inexpliqués, à moins qu'ils ne proviennent d'autres germes antérieurs, ce qui serait sans fin. Un germe est donc le premier produit de l'organisation; il n'en est pas le point de départ, le principe. Il est effet et non cause, et doit avoir été causé.

» Tout le monde peut voir une cellule en produire d'autres : il suffit pour cela de s'enlever un millimètre carré de peau et d'examiner au microscope ce qui se passe dans la blessure. Mais les germes de ces cellules produites, qui les a vus? Personne.

» Si la cellule organique produit à son tour d'autres cellules, ce n'est nullement à la manière des poules pondant leurs œufs, qui ne sont des germes que parce qu'ils renferment une agglomération de cellules, déjà organisées, mais comme la plantule sort de la graine et développe successivement sa tige, ses feuilles, ses fleurs, ses fruits, ou plutôt comme un cristal de glace attire à lui d'autres molécules d'eau pour en faire d'autres cristaux de même forme fondamentale. Ce n'est pas une génération, c'est une végétation.

» L'idée de la parenté de tous les êtres vivants naît et se présente d'elle-même à la première inspection de leur groupement général et de la chaîne si continue de leurs affinités. Comment ceux qui trouvent hypothétique la théorie de leur transformation graduelle prétendent-ils donc expliquer leur origine indépendante ou leur création, comme ils disent emphatiquement, sans recourir à des suppositions bien autrement gratuites ? Évidemment les mêmes formes organiques n'ont pas toujours existé ; elles apparaissent et disparaissent dans la succession des âges. Des savants, si prudents à croire et si réservés à affirmer, aiment-ils mieux penser que, sur l'ordre divin, le prototype de chaque espèce nouvellement créée sort de terre à la façon de ces rats que, selon Diodore, les anciens prêtres d'Égypte disaient nés du limon du Nil, et qui, déjà de chair et d'os par la partie antérieure de leur corps, participaient encore, par la partie postérieure, de la nature de ce limon dont ils n'étaient qu'à demi sortis ? D'après la théorie, défendue par Alcide d'Orbigny, du renouvellement intégral de toutes les populations terrestres à chaque époque géologique, alors supposée séparée de celle qui la suit et de celle qui la précède par autant de cataclysmes généraux, se figure-t-on voir surgir périodiquement du sol encore humide toute une création nouvelle ? Se représente-t-on des bœufs et des moutons poussant leurs cornes hors du sol en même temps que des éléphants montrent leur trompe et des lions leur crinière ; des oiseaux éclosant d'œufs qui n'ont été ni pondus ni couvés, et prenant leur vol sans avoir eu ni père ni mère pour les nourrir ; des palmiers et des chênes sortant de terre avec leurs branches reployées pour les ouvrir ensuite au soleil comme des parapluies ; et finalement, Dieu descendant personnellement du ciel pour façonner l'homme comme un mauvais ouvrier qui, ayant manqué son œuvre, en est réduit à se repentir de l'avoir faite !

» Deux principes ou lois servent de fondement à toute la théorie de M. Darwin, c'est d'abord la concurrence (*struggle for life*) que tous les êtres placés en une même contrée et sous les mêmes conditions de vie se font entre eux, pour subsister et pour prolonger, non-seulement leur vie individuelle, mais encore leur vie spécifique, c'est-à-dire pour multiplier leur race. Il résulte de cette lutte universelle un choix, une sélection naturelle (*natural selection*) constante des races et des individus les mieux adaptés aux circonstances de temps et de lieu ; de sorte que les êtres les plus parfaits, relativement à ces circonstances, l'emportent sur les êtres les moins parfaits qu'ils tendent à supplanter et à détruire, si ces derniers ne trouvent pas le moyen d'émigrer.

» Ce système tranche par une solution mixte la question tant controversée, et insoluble dans les termes où elle a été posée jusqu'ici, de l'unité ou de la multiplicité des types originels de toute espèce en général et de l'espèce humaine en particulier. Il n'y a plus guère maintenant à discuter s'il a suffi de la création d'un seul couple, ou s'il en a fallu plusieurs pour perpétuer une forme spécifique quelconque, car chaque espèce n'a même plus un commencement défini soit dans le temps, soit dans l'espace. C'est d'abord une variation légère et individuelle qui réapparaît ensuite en se transmettant par voie de génération à plusieurs individus, et qui s'accumule dans leur postérité par voie de sélection naturelle, si cette variation leur est avantageuse dans le combat de la vie. Cette première modification d'un organe s'ajoute aux modifications également avantageuses survenues en d'autres organes chez d'autres individus de la même espèce. Cette variété devient race, c'est-à-dire qu'elle se fixe, si elle se trouve isolée, et devient de plus en plus distincte; mais elle se perd par l'adultération dans l'espèce-mère en l'améliorant légèrement, si elle se mélange avec elle. Il faut donc qu'en ce cas il y ait émigration volontaire ou forcée de la variété fixée ou destruction locale de la souche-mère. Or, mille circonstances peuvent amener l'un ou l'autre résultat, sans même recourir à des cataclysmes géologiques ; car il suffit de la concurrence vitale pour que toute variété, mieux adaptée aux conditions locales, supplante l'espèce-mère dont elle dérive. A travers le long cours des siècles de siècles, cette variété fixée donne à son tour naissance à d'autres par le même moyen. De divergence en divergence, les différences spécifiques deviennent ainsi de valeur générique. De sorte que les croisements entre ces variétés successives bientôt ne donnent plus, au lieu de métis féconds, que des hybrides de plus en plus stériles, jusqu'à ce que le croisement lui-même devienne impossible. Le livre de M. Darwin n'est que l'analyse consciencieuse des moyens employés par la nature pour causer ces variations, et des lois qui les régissent.

» Dans l'ordre général de l'apparition des types, il y a un progrès sensible et constant qui atteste l'existence d'une loi de développement.

» Cette loi, que M. Darwin a nommée la *sélection naturelle*, n'est autre que la loi de Malthus, étendue au règne organique tout entier; et l'on voit encore ici un exemple de ces mutuels services que les sciences, en apparence les plus diverses dans leurs principes et leur objet, peuvent se rendre les unes aux autres. En effet, comme Malthus l'a prouvé pour l'espèce humaine, mais plus encore que chez l'espèce humaine, toute espèce tend à se multiplier suivant une progression géométrique plus ou moins élevée, tandis que la quantité des subsistances qui lui sont propres, est très-limitée dans son accroissement, et peut même, le plus souvent, être considérée comme invariable. Il en résulte fatalement un choix rigoureux ou une sélection naturelle des individus les plus forts, les plus beaux, les plus agiles, en un mot, les plus parfaits, c'est-à-dire les mieux adaptés au milieu dans lequel ils vivent, ou les plus aptes à se transformer quant à leur structure, leur constitution ou leurs habitudes, pour arriver à cette exacte adaptation ou pour augmenter leur quantité de vie possible en s'accoutumant peu à peu à l'usage de subsistances nouvelles sous des climats un peu différents.

» Cette seule généralisation de la loi de Malthus suffit à démontrer aussi avec toute évidence combien sont erronées les conséquences que Malthus lui-même en a tirées pour la race humaine : puisque c'est de l'exubérance d'une espèce que dérive sa perfectibilité, arrêter cette exubérance, c'est mettre obstacle à ses progrès. Il ressort du livre de M. Darwin que cette loi, qui paraissait brutale, parcimonieuse, fatale, et qui semblait accuser la nature d'avarice, de méchanceté ou d'impuissance, est au contraire la loi providentielle par excellence, la loi d'économie et d'abondance, la garantie nécessaire du bien-être et du progrès pour toute la création organique.

» Mais aussi la loi de sélection naturelle, appliquée à l'humanité, fait voir avec surprise, avec douleur, combien jusqu'ici ont été fausses nos lois politiques et civiles, de même que notre morale religieuse. Il suffit d'en faire ressortir ici un des vices le moins souvent signalés, mais non pas l'un des moins graves. Je veux parler de cette charité imprudente et aveugle où notre ère chrétienne a toujours cherché l'idéal de la vertu sociale et que la démocratie voudrait transformer en une sorte de fraternité obligatoire, bien que sa conséquence la plus directe soit d'aggraver et de multiplier dans la race humaine les maux auxquels elle prétend porter remède. On arrive ainsi à sacrifier ce qui est fort à ce qui est faible, les bons aux mauvais, les êtres bien doués d'esprit et de corps aux êtres vicieux et malingres. Que résulte-t-il de cette protection inintelligente accordée exclusivement aux faibles, aux infirmes, aux incurables, aux méchants eux-mêmes, enfin à tous les disgraciés de la nature? C'est que les maux dont ils sont atteints tendent à se perpétuer indéfiniment; c'est que le mal augmente au lieu de diminuer, et qu'il s'accroît de plus en plus aux dépens du bien.

» Pendant que tous les soins, tous les dévouements de l'amour et de la pitié sont considérés comme dus aux représentants déchus ou dégénérés de l'espèce, rien ne tend à aider la force naissante à la développer, à multiplier le mérite, le talent ou la vertu. Au contraire, la guerre d'abord, puis la navigation, puis les travaux dangereux déciment tour à tour les hommes les plus robustes et les plus actifs, les plus hardis, les plus intelligents. La mollesse et la licence énervent les classes riches; la misère et les privations affaiblissent les masses travailleuses; l'inactivité, l'inutilité et jusqu'à la réserve des mœurs limitent l'action sociale et productrice des femmes bien nées et bien douées, et par cette inactivité même, ou par la mollesse qui en est la conséquence, amènent peu à peu leur étiolement. Enfin, tandis que toute la jeunesse virile va perdre dans la prostitution les forces les plus vives de la race, ce sont des hommes déjà vieux, maladifs et épuisés qui renouvellent les générations. Ils lèguent à l'un et à l'autre sexe le germe des maladies dont ils sont atteints, après les avoir eux-mêmes héritées de leurs pères qui les doivent peut-être aux vices d'une jeunesse passée contre les lois de la nature. C'est donc toujours le mal et le mal seulement qui tend à se multiplier en raison progressive, comme la race, et il faut s'étonner que notre espèce, sous de telles influences, ne s'étiole pas rapidement.

» L'humanité dégénère-t-elle physiquement ? C'est une question controversée. Mais elle progresse intellectuellement; le fait est de toute évidence. C'est que, si la force et la beauté physique ne sont plus que des avantages secondaires dans nos sociétés modernes, l'intelligence, l'adresse, l'activité, l'esprit d'industrie et de commerce y sont de la plus haute importance. L'homme idéal de notre temps, c'est celui qui produit; la femme idéale est celle qui conserve et qui épargne. Toute la moralité de notre époque se réduit à peu près à cela, et c'est beaucoup, il en faut bien convenir, mais cependant ce n'est pas tout. La preuve que ce n'est pas tout, c'est qu'en vertu du principe d'hérédité, des générations multipliées d'après cette seule règle sélective ne peuvent produire que des hommes de lucre et des femmes vénales : c'est-à-dire que de plus en plus on verra d'un côté des femmes qui se feront de l'amour et du mariage un négoce légal ou illégal, à moins que, par exception, elles n'embrassent une profession qui les mette à même de faire d'autres échanges également salariés. De l'autre, on aura des ouvriers-machines, des employés dressés à demeurer assis dix heures par jour, des commis de magasin propres à auner de la dentelle, des voyageurs pour faire l'article, des artistes spéculateurs, des joueurs de bourse, des escrocs de toute nature, bandits en habit noir et bien gantés, et de plus des journalistes aux gages des gouvernements, ou des biographes, des pamphlétaires et des romanciers spéculant sur les plus mauvaises passions du public. Car ce sont ceux-là surtout qui, dans notre époque, ont des moyens d'existence assurés, et qui, en conséquence, si l'on en croyait les Malthusiens, auraient seuls le droit de perpétuer leur race. Mais il en résulterait aussi que l'énergie des convictions, l'amour du vrai, du juste et du beau, n'étant comptés pour rien dans cette fatale équation des subsistances et des bouches à nourrir, disparaîtraient, s'éteindraient peu à peu dans les consciences ; et il ne demeurerait plus personne pour défendre la liberté de tous et pour travailler au progrès idéal de l'espèce. »

*
* *

Voilà la lutte établie sur son véritable terrain, entre l'esprit éternel et la matière éternelle. Entre la vie, ou la mort pour l'être. Quelle grande et noble bataille ! N'est-il pas plus intéressant et plus utile de s'ouvrir passage dans cette mêlée, que d'apprendre sans le comprendre un catéchisme abrutissant, ou que de s'acharner comme une sangsue après des jouissances physiques, dont le réveil est un vide que rien ne comble, pas même le plus étendu et le plus vivace des sentiments, celui d'un désespoir irrémédiable ?

Pendant que nous écrivons ces lignes, jour de foire dans notre hameau, des saltimbanques, sous nos croisées, battent à revers de bras leurs grosses caisses et soufflent avec frénésie dans leurs instruments de cuivre. On dirait que le monde se mire dans une glace et ne reflète pas d'autre image. Le candidat politique, le marchand, le prêtre, les diverses positions sociales, tout ne fait-il pas un peu la réclame pour construire son nid ? Tant d'agitation pour la conquête de quatre planches ! Et nul ne ferait un pas pour savoir ce qui se passe derrière la pierre tumulaire ! Vous ne savez donc pas, vous ne songez donc jamais que votre voyage aura une fin ?

D'après la loi de Darwin, la fatalité de la matière ne ferait pas autre chose que nos saltimbanques en habits noir ou en haillons, par les sélections naturelles, qui sont le code de l'égoïsme personnel le plus matérialiste.

Tâchons dès lors de nous forger une ancre de salut et de découvrir une utilité réelle à l'existence, en réduisant la doctrine philosophique moderne à ses justes proportions.

Une cause qui ne précéderait pas toute cause, ne serait qu'un effet. Donc, pour être cause et n'être pas un effet, la cause originelle ne peut commencer. Dès lors, s'il y a un Dieu, il est éternel.

D'un autre côté, si la vie ne peut surgir seule du néant, il y a un créateur. Ce créateur par suite ne saurait commencer, puisque cette cause, que précéderait une cause, ne deviendrait qu'un effet exigeant toujours une cause originelle et finale, c'est-à-dire infinie. Or, ce qui ne commence pas, ne finit pas. De là, Dieu ; de là, son éternité.

Mais, peut dire la philosophie moderne, pour rester fidèle à son système : s'il y a un Dieu, pourquoi n'aurait-il pas lui aussi une origine spontanée, se développant ensuite par sélection naturelle ?

Nous répondons : Rien ne vient de rien, pas plus l'esprit dans les sphères transcendantes, que la vie dans les sphères matérielles. Nous comprenons des causes qui n'agissent pas et dès lors sans effet ; mais nous ne concevons pas des effets sans cause. Or, si

Dieu commence, il n'est qu'un effet. Sa cause existe dès lors, et cette cause originelle ne pouvant commencer sans devenir un effet, la cause première ne commence pas, elle est Dieu, qui par suite embrasse l'éternité.

Darwin établit en principe « que la cellule est le point de départ et la matière première de toute organisation; que chaque cellule est animée d'une vie propre, en vertu de laquelle elle produit d'autres cellules, et que, par cette faculté de génération indépendante de tous les éléments de l'organisme, se forment successivement tous les organes d'un être. »

A nous toujours les analogies. Nous voyons qu'une pierre est un simple moellon ; que des pierres amoncelées, forment des montagnes abruptes; que des pierres groupées selon certaines règles et d'après un tracé, constituent un monument. L'organisme humain n'est pas autre chose dans ses rapports avec la matière. Ses parties constituantes sont la pierre isolée; le monument, c'est l'homme, c'est le moucheron. L'homme comme le monument sortent d'une conception intelligente et de forces étrangères aux matériaux. Les lois physiques, réduites à elles seules, sous l'impulsion du hasard, produisent la montagne. L'effet obtenu est-il le même ?

Le vulgaire dira : c'est tellement clair, que toute autre démonstration est inutile. Il n'en est pas ainsi, puisque une masse d'hommes distingués ne s'arrête point à ces preuves. Aussi, faut-il aller de suite au fond de la question.

La philosophie dit que chaque cellule est animée d'une vie propre, indépendante des éléments de l'organisme. Or, vous ne rencontrez la cellule que dans des corps organisés. Vous ne la voyez donc qu'à l'état d'effet. Où la trouvez-vous à l'état de cause, c'est-à-dire isolée d'une organisation qui l'embrasse, qui la produit, qui l'anime, qui lui impose ses lois de développement ?

Il est aisé de dire que la cellule ou qu'un principe actif quelconque est animé d'une vie propre et indépendante. Nous sommes ici dans le domaine physique, qui est celui des sciences positives et dans cette sphère, les affirmations doivent être démontrées mathématiquement.

Montrez-nous donc une cellule en dehors de tout organisme, et nous pourrons supposer qu'elle est animée d'une vie indépendante, capable de s'ériger activement en cause. Jusque-là elle n'est pour nous qu'un moyen de la vie ; elle n'est pas la cause et l'origine de cette vie ; elle est un moellon ; elle est tout simplement un effet. Si vous la trouviez à l'état d'agent isolé, elle serait pour vous une première assise, et nous concevons que vous l'ayez produite pour supplanter un Dieu ; mais, du moment qu'elle n'apparaît que dans un organisme, vous prenez la conséquence pour le principe, et vous faites le principal de l'accessoire.

Où trouvez-vous une cellule, votre point de départ et le principe spontané de votre vie, où trouvez-vous cette cellule animée d'une vie propre et indépendante ? Où la trouvez-vous ? Quand vous la voyez fonctionner, où fonctionne-t-elle ? Elle fonctionne dans un organisme et c'est là, là seulement que vous la rencontrez. Elle est donc un produit, non une cause première.

Et votre cellule, de quoi se compose-t-elle, puisqu'elle est un fait matériel ? Votre cellule animale est un composé de sang. Vous ne sauriez lui assigner une autre origine, puisque seul le sang concourt au développement des corps.

Or, le sang, naît-il en dehors d'un organisme ? En dehors d'un organisme, fonctionne-t-il ?

Vous ne voulez pas des germes, c'est-à-dire d'un organisateur, c'est-à-dire de Dieu et vous ne signalez votre principe de vie que dans la vie organique. Quand vous parvenez à le produire, il est déjà un produit. Un créateur l'a précédé !

Selon nous, ce raisonnement est sans réplique. Nous l'appuyons immédiatement de rigoureuses analogies.

Rien ici-bas, dans les choses palpables et analisables, vivantes ou végétales, ne vient que d'un germe. Pourquoi, se rejetant en dehors des analogies, supposer que la cause première de ce germe, combinaison scientifique au suprême degré, puisqu'elle renferme, non pas un être pareil, mais les lois de son développement, ce qui est bien plus fort, pourquoi supposer que la cause du germe primitif fut le hasard, qui ne calcule pas, au lieu d'une intelligence qui combine les moyens propres à une fin ? Est-ce rationnel ?

Mais, vous êtes positivistes et vous voulez tout expliquer par les propriétés de la matière. Soit. La matière c'est le fini au centre et à la circonférence. Expliquez-nous donc l'infini par elle? Selon vous, il ne doit pas exister.

Vous préférez l'intervention d'une cellule à Dieu. Alors il ne fallait pas intervertir les rôles et nous donner comme une cause ce qui n'est qu'un simple effet.

Partant de la cellule, vous dites que la vie ne provient pas d'une génération; mais qu'elle découle d'une végétation. C'est être logique avec son principe. Est-ce que tous les développements de la vie ne dérivent pas d'une végétation ? Est-ce que les corps et les végétaux, l'écorce terrestre elle-même, ne prennent pas de l'étendue par des alluvions successives ? Mais, les lois de distribution de cette végétation où les voyez-vous? évidemment dans la cellule. Celle-ci naît d'un organisme. Elle subit donc sa loi et ne l'impose pas.

La végétation n'exclut pas la génération : elle en dérive au contraire. La génération est le code des règles d'après lesquelles s'opère cette végétation pour produire, avec un même élément, des formes et des organismes divers.

Mais, vous ne voulez pas de génération, parce qu'il faudrait admettre un générateur commun. Expliquez-nous donc comment il se fait que tout parmi nous provienne d'un accouplement et d'un germe ? Le début seul de la vie a dérogé selon vous à cette loi. Là où l'effet commence, vous supprimez la cause. C'est hardi. C'est presque bouffon.

Une femme belle, et c'est très-beau une belle femme sous le rapport des formes, sous le rapport de l'organisme vital intérieur, sous le rapport de sa constitution morale. Pour qui analyse, il y a là un chef-d'œuvre inimaginable. Darwin ne vous dira pas que ses cellules vont produire d'emblée une telle merveille, parce que nous sommes témoins; mais il annonce qu'à l'origine, alors que nous ne pouvions témoigner, la cellule produisit un ou plusieurs semblants de vies, et que, par des sélections naturelles, c'est-à-dire des choix, par le hasard, de ce qu'il y avait de mieux, ces vies grossièrement rudimentaires, un ver, un poisson à peine ébauché, sont parvenues à créer progressivement un cheval, une baleine, un aigle, la femme enfin que vous connaissez.

Les lois de ces divers développements étaient donc renfermées dans la cellule? S'il en est ainsi, la création dans son ensemble naquit ce jour-là et la matière porte en elle, non-seulement la substance, mais encore les principes vitaux et scientifiques de cette création. La matière est par suite une intelligence et un esprit. A force de positivisme, messieurs, vous supprimez le matérialisme.

Mais, restons dans notre hypothèse, sans en déduire la conséquence immédiate qui la suit. Alors, comment se fait-il que cette même matière, en conservant ses vertus génératrices, que rien ne peut lui enlever, puisqu'elles sont en elle, n'ait pas recommencé indéfiniment de produire des cellules, d'après des lois qui lui appartiennent ? Or, vous ne les rencontrez que dans des corps déjà organisés. N'existant pas ailleurs que dans une organisation, comment ont-elles pu la produire ? Dans ce cas, un fils deviendrait son propre père et l'effet se causerait.

Comment se fait-il qu'après cette première production de cellule, c'est-à-dire de vie, qu'elle projette spontanément et de son cru direct, la matière s'arrête court, change de système, use d'un régime tout nouveau, celui-là invariable, et que désormais, pour la perpétuation de l'existence, il lui ait fallu des germes, des accouplements, une cause étrangère à son action pour ainsi dire personnelle? Ce qui est bien plus fort, il lui faudra à l'avenir le concours de deux êtres, faits spécialement l'un pour l'autre, afin de produire la vie. Cela ressemble-t-il à la végétation d'une cellule spontanée ?

Ni nous, ni vous, nous n'avons vu surgir le monde vital. Nous n'avons par suite, ni les uns, ni les autres, des preuves physiques. Mais nous avons, nous, des preuves morales puissantes et la démonstration des analogies. L'existence ne se reproduit dans la matière, depuis des millions de siècles, qu'à l'aide de germes. C'est la loi générale. Sur quoi vous fondez-vous pour supposer qu'elle a un jour, le premier de la création, dérogé à cette règle constante et absolue? Qu'elle y a dérogé pour faire seule, ce que seule elle n'a pu faire depuis ? Voyons, une bonne raison, à défaut de preuves patentes ?

Si vous n'en produisez pas, nous sommes en droit de dire et nous disons que si vous avez substitué la chimie à Dieu, c'est que vous vouliez nier ce Dieu. Par quoi le remplacez-vous? Par le hasard. Vous avez donc plus de foi dans l'inintelligence, pour des combinaisons scientifiques, que dans les conceptions savamment mûries de l'intelligence? Vous traverseriez donc avec plus de facilité les précipices des Alpes, un bandeau sur les yeux, qu'avec les yeux ouverts?

Vous n'admettez d'autre action que celle de la matière et, pour vous dégager, nous ne savons pourquoi, d'une intervention suprême, vous lancez les éléments terrestres, des lois aveugles d'attraction et de répulsion, en compagnie du hasard, dans une suite non interrompue de miracles et de prodiges, comme n'en inventèrent jamais les ignares inventeurs de religions.

Le concours de deux êtres est désormais indispensable pour produire la vie : deux êtres admirablement faits l'un pour l'autre, ce qui implique deux difficultés vaincues, deux organismes distincts, pour atteindre un but identique, but nécessaire, avec des moyens complexes et prémédités. Qu'une chose, qu'une seule chose manque et cette admirable chaîne de l'existence sous toutes formes est rompue. De même, qu'une chose, que la chose la plus simple manque à la vue, à l'oreille, à l'odorat, au goût, au toucher, et la sphère gigantesque des sensations disparaît; le monde perceptible n'est plus perçu et la vie n'a fait son apparition que pour rendre plus saillante l'image de la mort. Que de science remplace le hasard des sélections, et vous voulez qu'en face du plus magique atelier des sciences réunies, pour produire l'œuvre la plus scientifique, nous désertions le bon sens qui proclame le voulu, pour admirer des sélections naturelles, n'ayant à leur disposition qu'une végétation aveugle, sans un plan d'ensemble qui fasse l'unité dans la plus incalculable des diversités ?

Voilà donc que le concours fortuit des éléments a dû produire presque à la même heure et dans le même lieu, non à mille ans de distance et aux deux extrémités de la terre, deux cellules génératrices, l'une mâle, l'autre femelle, avec tout ce qui était impérieusement indispensable pour s'attirer, pour s'accoupler, pour concevoir, pour développer un fœtus, pour le nourrir après la naissance. Ceux qui ont étudié l'anatomie peuvent se faire une juste idée de tout ce qu'il y a de savoir théorique et pratique, dans la conception et l'exécution de chacun des organes appelés à fonctionner dans l'acte générateur. Or, la main ouvrière, dans les sélections, c'est un peu de terre humide. Qu'elle fermente, nous n'en disconvenons pas ; mais, qu'elle conçoive et exécute ou exécute sans le concevoir le plan d'un monde, cela nous paraît plus fort que les miracles les plus ébouriffants du catholicisme.

Il est bien étonnant que la nature, si féconde alors en cellules, n'en produise plus aujourd'hui. Mais il est bien plus extraordinaire encore qu'à cette époque des origines, toute sorte de cellules n'aient pas donné naissance à toute sorte de créations, dans les données de tous les possibles, et ils sont infinis comme le concours fortuit des éléments. Or, les plus anciens vestiges du règne organique n'accusent pas des lois nouvelles pour les conditions de la vie. C'est toujours le même ordre d'idées, d'après les mêmes principes.

Vous dites que l'existence s'est développée par sélections, en partant d'un souffle de vie rudimentaire. Mais, d'après les lois de votre système, si nous en prenons le contrepied, l'on peut admettre que notre création, si complète et si splendide, n'a fait ou ne fera que décroître par l'anémie des sélections naturelles. Alors toutes les espèces tendront à se fondre en variétés, jusqu'à complet épuisement des caractères propres, qui, supprimés enfin, restitueront à la cellule l'ordre de choses magique de cette terre. La femme, l'oiseau, le poisson, venus d'un ver, redeviendront ver. Vous avez inventé là une bien belle oscillation de pendule.

Il vous paraît très-drôle que des taureaux sortent de terre avec leurs cornes et des lions avec leurs crinières. Il serait encore plus drôle de les en voir sortir sans ces ornements, surtout s'ils ne pouvaient appeler les sélections à leur secours. Et, encore, qui sait ce que leur feraient pousser celles-ci?

Nous ne savons pas comment et par quels procédés ces divers animaux sont venus au monde, sous l'influence d'une volonté suprême. Les voies et moyens de l'infini ne sont pas du domaine d'un agent fini. Nous constatons un fait, voilà tout, et aller au-delà pour définir sa cause, ainsi que son action, c'est forcément entrer dans le domaine des hypothèses, et les hypothèses d'une chose limitée ne peuvent être que dérisoires, lorsqu'elles interprètent une donnée sans limites. Nous ne savons rien sur l'acte des origines : vous ne le savez pas davantage. Aussi, n'expliquons-nous pas ; mais vous voulez expliquer, comme toutes les théologies, et vous faites aussitôt sortir de terre des cornes, des poils ou des cellules, avec tout le reste.

Nous n'expliquons, nous, que les choses visibles, et celles-ci nous révèlent partout des germes organisés, ce qui implique un organisateur. Vous mettez en avant des cellules ; mais on ne les rencontre que dans les corps existants, ce qui les réduit à l'état de simple effet exigeant une cause.

S'il est curieux, par l'influence des habitudes, de voir un ver se transformer progressivement en baudet, en moineau, en sardine, il ne le serait pas moins de savoir comment s'y prendrait une femme, par l'influence de la plus énergique volonté, par celle de toute espèce de tentations, pour se doter des ouïes d'un poisson et se faire pousser des ailes avec une queue. Depuis qu'il existe, l'homme a tout ambitionné ; l'influence morale est plus puissante chez lui que chez aucun animal et, cependant, la tradition historique le représente incessamment ce qu'il est aujourd'hui

Les habitudes, les caractères résultent de l'organisme et ne le précèdent pas plus que la cellule. Le ver reste dans le milieu qui lui convient et s'en accommode; mais il ne fait aucun effort pour le contraindre. Le malaise de la lutte arrête ses instincts, qui n'ambitionnent dès lors que leur sphère naturelle. Il n'a pas, il n'a jamais eu l'héroïsme d'affronter une mort certaine pour devenir un éléphant, un condor, un requin. Y aurait-il gagné quelque chose, fût-il même devenu le député d'un monarque?

Vous trouvez très-drôle qu'une création, on ne sait comment, sorte des mains de Dieu? Vous trouvez donc moins drôle que des cellules indépendantes et sans direction, constituent seules des corps qu'animera la vie? Que ces cellules indépendantes et sans direction produisent un organisme des plus compliqués, d'après les règles strictes de toutes les sciences dans ce qu'elles renferment de plus mathématique? Que ces cellules sachent que la force corporelle doit être renouvelée par l'air et par des aliments? Que par suite il faudra un organisme respiratoire et un organisme digestif? Vos cellules et vos sélections naturelles comprendront dès lors la nécessité pour l'être d'une bouche, de dents, d'une langue, d'un gosier, d'un estomac, d'un foie pour distiller la bile, des intestins, d'un système capillaire, absorbant le chyme, et le poussant au cœur sous forme de chyle. Vos cellules et vos sélections inventeront un cœur pour projeter ce chyle dans les poumons, au contact de l'oxygène, où, vivifié, il devient rouge et s'élance de nouveau vers le cœur, qui le répand dans le corps entier par les artères. Vos cellules et vos sélections savaient que vos repas se transformeraient de la sorte en un sang qui renouvellerait vos organes, et qu'après avoir répandu la vie de toutes parts, il n'y avait qu'à le renvoyer au cœur par les veines et de là aux poumons, pour le retremper et lui rendre sa vitalité première ?

Voilà ce qu'il faut que comprennent vos sélections et vos cellules, et voilà donc ce qu'elles exécutent si savamment que le moindre tissu de ces organes compliqués est un véritable chef-d'œuvre. Quelles sont intelligentes, prévoyantes et puissantes vos cellules ; quelle vue d'ensemble elles possèdent pour une agrégation de matière résultant du concours fortuit des éléments ?

La cellule qui végète des muscles est-elle la même qui végète les ongles et les cheveux ? Celle qui forme les cheveux forme-t-elle des vaisseaux cylindriques ? Celle-ci distillera-t-elle l'humeur aqueuse de l'œil ? Cette dernière peut-elle construire des os ? Que d'espèces de cellules à dû tisser le hasard et que d'habileté pour les soumettre à concourir, sans direction et sans pouvoir s'entendre, dans leur multiplicité, vers un but unique, dans lequel viennent se fondre d'aveugles et solitaires efforts.

Est-ce parce qu'il y a des choses à percevoir que nous sommes doués d'organes capables de perception ? ou bien est-ce parce que le hasard nous a pourvus de ces organes qu'il est des choses perceptibles ? Avec le hasard, il n'est d'admissible que la dernière hypothèse.

La durée, l'espace, la lumière, les sons, les parfums, la sensation du toucher, du goût existent en dehors de nous-mêmes, et voilà que pour entrer en communication avec la vie extérieure ; que pour tirer parti de l'existence et en faire une application pratique, des cellules indépendantes ou plutôt une agrégation de matière, par le concours fortuit des éléments, construira l'œil, un prodige scientifique ; construira l'oreille, un phénomène merveilleux du plus profond savoir ; construira les moyens de l'odorat, du goût, du toucher ; fera de la science mathématique dans ce qu'elle renferme de plus précis.

Et toutes ces inventions ne sont point isolées, par suite perdues. Un cerveau inexplicable, tant il est savant d'organisme, vient centraliser ce déluge de sensations, y mettre de l'ordre, en conserver le souvenir, en tirer des déductions, pressentir par comparaison, dicter ce qu'il ressent par la parole, cette voix proférée par un appareil, que des cellules ont eu comme toujours la prévoyance de lui mettre sous la main.

Nous répétons notre mot favori : étudiez, analysez, allez au fond des choses et le plus avant possible, de toutes parts en ce monde vous trouvez le voulu ; vous n'y voyez que du voulu ! Et selon vous, messieurs, c'est le hasard qui l'interprète et qui l'exécute, avec cette splendeur de réussite qui ne vous annonce pas un suprême génie !

La science matérielle monte incessamment depuis un siècle ; mais l'existence morale baisse toujours. La force expansive de cette dernière, avec ses lois générales, sa vaste unité d'ensemble, ses corrélations synthétiques, ses liens universels entre le plus grand et le plus petit, a fait place à la localisation de chaque chose et à son fractionnement. Rien ne se tient; tout se disperse. Il n'est que du démembrement, des cellules génératrices, des sélections naturelles, du concours fortuit dans les éléments.

L'esprit social a suivi la même marche que la science, et tout s'en va désormais parmi nous dans le débraillé d'un isolement complet.

Vous n'avez donc jamais fait de l'anatomie comparée depuis le moucheron jusqu'à l'homme? Vous n'avez donc jamais levé les yeux au ciel par une nuit étoilée ? Vous vous fussiez rendu compte alors d'une puissante harmonie par la loi générale des ensembles, et il vous eût paru bien extraordinaire que le hasard se fût chargé de mettre au monde une existence, dont les aspirations intimes nient sans cesse et sa nature passagère et son origine terrestre, pour ne voir que l'infini dans sa mystérieuse destinée.

D'après Darwin, chef scientifique de l'école matérialiste, il n'est que le gros et le robuste qui soient dignes d'intérêt, et la fraternité, d'après son traducteur, n'est qu'un vice dangereux pour les sélections naturelles. Elles sont gentilles vos sélections et leur portée sociale est des plus recommandables.

A ce compte, MM. Thiers et Guizot, qui ne sont pas des mastodontes, sont inférieurs à ces colosses. Il doit bien être permis de dire que nous aimerions tout autant les voir à la tribune, que d'y entendre un régiment de cuirassiers ? L'accumulation des vertus et de l'esprit est-elle donc proportionnelle à la masse de chair, de muscles et de graisse ? Est-ce avec de la graisse et de la chair qu'on fait les meilleurs poètes, les historiens, les artistes, les hommes d'État, les savants, les industriels habiles, les bons pères de famille et les citoyens honnêtes ?

Les règles des éleveurs et engraisseurs anglais sont devenues les principes de notre science philosophique, qui préparera scientifiquement des bêtes pour une hideuse boucherie.

Vous trouvez donc le chêne plus beau que le myosotis. Le chêne est d'une poésie élevée, le myosotis d'une poésie profonde. Le petit est l'égal du grand, comme le pauvre sera l'égal du riche, quand l'opinion sera devenue ce qu'elle doit être. En quoi le rhinocéros est-il supérieur au maigre singe ? Est-ce que la force intellectuelle ne dompte pas partout et toujours la force matérielle ? La France vaincue doit-elle accuser autre chose que son abaissement moral ?

Et quant à la fraternité, que l'école Darwin, avec tous les matérialistes, remplace logiquement par les plus puissantes mâchoires, nous ne pouvons que leur souhaiter bon appétit, et préférer la sainte doctrine de l'amour évangélique du prochain.

Nous venons de mettre en lumière, dans cette réfutation, les arguments principaux, de l'ordre physique et de l'ordre moral, contre la doctrine de la suppression d'un Dieu. Nous ne nous arrêterons pas aux considérations secondaires. Mais il faut dire à la philosophie nouvelle : cessez donc de prendre les matériaux d'un édifice pour les architectes du monument, des agents passifs pour des principes actifs, l'ignorance pour la science, l'imprévu pour le voulu. L'ordre et l'harmonie ne peuvent naître que de l'harmonie et de l'ordre. L'on comprend un accident isolé bien réussi ; mais élever la création tout entière à l'état d'accident, ne saurait provenir que de la défaillance intellectuelle et morale d'une époque profondément corrompue, tant par sa foi, que par son impiété !

Nous disons avec M. de Girardin que nous ne luttons pas pour l'unique plaisir de détruire. Nous voulons, avant tout, reconstruire. Si nous combattons le catholicisme comme insuffisant, et la philosophie matérialiste comme dangereuse, ce qui constitue deux périls pour la société, c'est pour tâcher d'introduire dans les esprits une forte et solide croyance morale.

Que Dieu et l'âme soient démontrés, une autre vie en découle logiquement, et nous aurons rempli une tâche aussi digne qu'utile.

Dieu tire l'homme de la matière. A la place de la mort, il met la vie. Dans ce qui n'avait nulle conscience de l'être, de l'étendue, de la durée, du bruit, du mouvement, de la lumière, des sensations, des pressentiments, des apirations vers tous les inconnus, il implante une individualité, un moi, une glace immense et sublime dans laquelle viendront se réfléter les choses qui sont : accouplement incomparable, où ce qui est ne rayonne plus dans le vide, se perdant au sein de l'oubli, et rencontre un je ne sais quoi qui est à son tour, avec le sentiment de sa propre existence, avec la certitude anxieuse qu'il pourrait ne pas exister, et qui vient servir de témoin ou de spectateur à ce choc journalier entre une éternité de néant et une éternité de vie.

Quel contraste ! Quelle distance entre les deux termes qui viennent de se rapprocher. Être, ne pas être, se donnent la main. Il n'est qu'un Dieu pour avoir de pareilles idées. Nous, hommes, dans nos inventions, nous ne faisons que découvrir ce qui existe. Dieu invente ce qui n'est pas. Comprenez-vous cela ? Ce qui n'est point, le concevoir !

Comment s'y prend-il pour organiser la vie ? Dieu a beau être caché dans le fini de nos perceptions, bien plutôt que dans l'infini de sa grandeur, voyez-le cependant, examinez-le face à face lorsqu'il produit l'existence : suivez avec nous l'œuvre du grand artiste, et pressez, avec tous les attendrissements de l'amour, pressez cette main qui se cache, mais que votre cœur peut saisir !

Qu'il nous soit permis de dire, entre parenthèse, que cette pensée si simple vient de nous arracher une larme.

Dieu met sur pied un squelette. C'est la charpente de la vie. Quoi de plus affreux ? Et qui pourrait jamais se douter que, de ce monstre placide, sortira ce chef-d'œuvre de poésie matérielle et morale qu'on nomme la femme ? Que cette épouvantable tête de mort, avec les trois ignobles trous de la face, deviendra cette belle tête de jeune fille, si gracieusement posée sur les épaules et où les trous repoussants seront remplacés par des yeux magiques, merveille de forme et d'expression céleste ; par une bouche ravissante, dont les lèvres vous parleront comme les yeux un langage indéfinissable de bonheur, quoique peut-être avec plus d'intimité ? Qui pourrait se douter encore que sur ce crâne de plomb, mat et d'apparence rocheuse, viendra se déployer à flots de soie une chevelure magnétique capable d'embraser vos sens ? Que sous cette chevelure, un front paisible et pur vous fera rêver toutes les quiétudes ; que l'ensemble de la physionomie révélera, par l'organe des éléments matériels, les lointains échos de l'essence du génie vital en des sphères inconnues !

En face du squelette, ce hideux rudiment de l'être, qui eût pu se douter d'une transformation pareille ? Mais que Dieu sait partir de bas pour s'élever haut. Comme il entend les contrastes et comme du plus petit il s'élève au plus grand ; du laid au beau ; du moucheron, immense harmonie imperceptible, à l'harmonie plus imperceptible encore des océans de mondes jetés en dehors de nos orgueilleuses perceptions.

Mais, n'anticipons pas. Dans cette charpente osseuse, il s'agit de placer la vie. Quel problème ! Le résoudra-t-il ?

Voyez d'abord les muscles qui viennent rattacher entre elles toutes les articulations, toutes les parties qui auront à se mouvoir ; puis les nerfs se répandre partout où la volonté devra se transmettre, dans tous les recoins d'où une sensation pourra faire retour sous forme de douleur, de joie ou d'avertissement salutaire ; les artères, comme un tronc d'arbre, se ramifier à l'infini jusque dans les prolongements les plus extrêmes du corps ; de ces sections extrêmes naître les veines, par des ramifications semblables, et venir former un tronc principal et collecteur. En cet état, le squelette est déjà enveloppé d'un nuage épais de filaments et de cordages, qui obscurcit la vue. Rendez-vous dans un musée d'anatomie, et ce premier spectacle de l'organisme humain frappera vivement votre esprit.

Qu'introduit encore Dieu dans le squelette pour atteindre le but qu'il se propose ?

Il y place des poumons, un cœur, un estomac, des entrailles, le foie, un cerveau ; puis des yeux, un nez, des oreilles, une bouche, des dents, une langue, des pieds, des mains, des formes, le tout recouvert d'une peau ou enveloppe, qu'aucune feuille de fleur ne saurait égaler dans sa moiteur limpide et rayonnante.

Voilà l'homme et la femme créés. Le squelette, en totalisant ses organes, est devenu un tout magnifique. Il est prêt pour l'action. Quelle sera cette action ?

*
* *

Cette action, c'est la vie. Qu'est-ce que la vie? La physiologie nous répond :

« La vie est-elle un principe ou un résultat? Elle n'est ni un principe, ni un résultat : c'est une propriété de la matière organisée, dont l'essence, la cause première, le pourquoi nous sont inconnus, comme le pourquoi, l'essence de la couleur ou de la ténacité du fer et de l'or. »

Nous trouvons que la physiologie se trompe gravement, quand elle affirme que la vie n'est pas un principe; qu'elle est la propriété de la matière organisée, non un résultat de cette organisation, ou plutôt, non un principe usant de cette organisation, comme un voyageur use de la locomotive.

D'abord, et en général, si la vie n'est pas un principe, une unité indépendante, une individualité propre, comment existait-elle avant toute organisation physique? Vous dites qu'elle n'a pas existé. Mais comment alors a pu se produire la vie organique, dont vous annoncez qu'elle est la propriété?

Par le concours fortuit des éléments? Vous, physiologie, vous savez trop la science mathématique, qui préside à l'organisme anatomique des êtres, et au jeu de cet appareil, pour admettre des combinaisons aussi merveilleuses par le fait du hasard ; combinaisons qui ne sont point isolées, qui embrassent une immense échelle de variétés infinies, avec une égale base, les mêmes lois de développement et des tendances pareilles.

Il y a là un vaste plan, largement conçu, savamment exécuté. Quels que soient nos efforts pour y découvrir du fortuit, nous ne pouvons y parvenir.

Serait-ce par cette raison plus simple qu'elle aurait toujours existé ?

Mais vous savez qu'individuellement la vie ne dure pas toujours. En effet :

La vie comporte, selon vous, deux modes : la végétalité, l'animalité, c'est-à-dire la vie organique, la vie animale.

La vie animale comme la vie végétale sont soumises toujours à une dernière loi inhérente à leur nature, et qui est celle de leur reproduction. La prédominance de ce dernier terme est si tranchée, qu'on serait porté à croire que l'ensemble de l'organisme n'a pour but que sa propre reproduction.

Dans les animaux comme dans l'espèce humaine, examinez donc cette merveille des appareils reproducteurs et, non-seulement ces appareils et leurs fonctions, mais encore les instincts et les passions insurmontables qui en assurent le jeu et les résultats.

Or, la reproduction se fait par un germe, par une chose qui n'existe pas de soi, et qui vient d'être organisée. Il faut l'homme et la femme pour produire ce commencement. Et, notez-le, il y a commencement; c'est une date; c'est une interruption dans la durée; la personnalité n'est plus la même. Tout être commençant, les êtres ont commencé; tout être étant créé, la création eut un créateur.

Si deux et deux font quatre, la logique a son évidence comme le soleil.

D'un autre côté, ce germe créé par l'homme, comme l'homme fut autrefois créé par Dieu, est-ce un simple organisme qui aura pour propriété matérielle la vie, comme l'enseigne la science physiologique?

Mais comment la vie serait-elle la propriété de la matière organisée, quand cette même matière désorganisée, ou avant toute organisation, ne possède pas intrinséquement cette même vie? Si chaque atome isolé en est privé, s'il ne possède pas l'existence, vous avez beau l'agréger sous quelque forme que ce soit, il ne saurait fournir ce qui n'est pas en lui. Quelle que soit l'addition des propriétés de molécules sans vie végétale ou animale, le total du vide et de l'absence c'est forcément l'absence et le vide.

Or, avec les propriétés de la matière vous obtenez des combinaisons mécaniques, cela se conçoit. De même que le mélange de couleurs donne naissance à des couleurs, le mélange de parfums produit des parfums; mais, d'une combinaison ou d'une action mécanique à la faculté de sentir, il y a la distance qui sépare la mort de la vie.

La matière a des attractions, des répulsions ; cependant, la matière est-elle sensible ? La sensation est-elle dans son essence ?

Si la matière inorganique sent, c'est qu'elle est vivante ; si elle ne sent pas isolée, elle ne sentira pas davantage combinée. Organisée, elle peut devenir un appareil, instrument mécanique d'une action, puisqu'elle possède des propriétés mécaniques ; mais elle ne formera pas l'essence d'une action capable de sentir. L'agrégation ne changera pas sa nature et ne saurait la mettre à même d'avoir le sentiment qu'elle est, puisque ce sentiment n'est pas dans sa nature intime et isolée.

Organisation, ce n'est pas création. L'organisation de la matière ne la transforme pas dans son essence, et ne la modifie que dans sa forme et ses propriétés physiques. Désagrégée, elle redevient ce qu'elle était et elle n'a plus aucune apparence de vie.

Donc, la vie n'est pas une propriété de la matière organisée. Dites qu'elle est une propriété simplement de la matière : vous serez rationnel, bien que dans le faux. Dites si vous voulez alors qu'elle est un résultat de la matière organique, puisqu'elle est, selon vous, le propre de ses éléments constitutifs, et nous vous comprendrons ; mais annoncer qu'elle n'est ni un principe ni un résultat, et parler en même temps d'une essence inconnue pour expliquer les phénomènes de l'action vitale, dans la vie d'un organisme, c'est nier en paroles ce qu'on affirme par les idées.

*
* *

Si la vie n'est pas un principe, si elle n'existe pas par elle-même ; s'il lui faut pour la produire des agents morts, qu'est-ce donc que cette essence de la vie organique qui met tout en mouvement, bien qu'elle reste pour vous à l'état de mystère ?

Mais, parce que vous ne la connaissez point, est-ce une raison pour qu'elle n'existe pas ? La raison est si peu décisive que, en supposant qu'elle soit chimérique, vous êtes contraint de l'inventer sous le nom d'essence inconnue.

Privez d'air un homme bien portant. Le voilà asphyxié. Son organisme n'a éprouvé aucune lésion. Il est seulement privé de vie.

Si la vie est la propriété de la matière organisée, pourquoi cet homme est-il mort?

C'est que cette essence inconnue dont vous parlez et qui, selon vous, n'est pas un principe de vie, a déserté ses organes; c'est qu'en l'absence du grand principe, et malgré la présence de l'organisme, la mort est là comme elle se trouve partout où ne réside pas la vie, comme le froid glacial pénètre tout ce qu'abandonne la chaleur, comme les ténèbres envahissent tout ce que déserte la lumière. La vie est la lumière et la chaleur de la mort; elle est surtout sa sensibilité.

Bichat a écrit que la vie est l'ensemble des fonctions qui résistent à la mort.

Mais, qu'est-ce qui résiste à la mort, si ce n'est la vie ? Et la vie, est-ce la matière? C'est si peu la matière, que sans matière il n'y aurait pas de mort. Aussi, Bichat n'a pas dit : l'ensemble des organes ; l'erreur eût été par trop grossière. Il parle de l'ensemble de leurs fonctions; mais l'ensemble de ces fonctions, de ces actions, c'est tout simplement l'existence.

Il y a deux grandes lois qui régissent le monde : l'attraction, la répulsion. Elles sont la principale propriété de la matière. Est-ce que cette propriété ressemble à la vie organique, à la vie animale, à la vie intellectuelle ?

Le matérialisme, et la science est aujourd'hui plus que jamais matérialiste, nous parle sans cesse des propriétés de la matière pour expliquer la vie et fournir le secret de son origine.

Ces propriétés, que sont-elles? Ont-elles un caractère déterminé, permanent, qui lui soient propres ? Pour notre compte, nous ne les trouvons que relatives.

Si la terre allait évoluer à mille lieues dans les feux du soleil, ces propriétés ne seraient plus les mêmes ; si elle courait se perdre dans les obscures profondeurs de l'espace, elles varieraient en sens inverse dans des proportions pareilles.

Quelles sont donc les propriétés propres de la matière? Les trouvez-vous dans un juste milieu ou dans les extrêmes? Par suite, la matière a-t-elle des propriétés absolues? Non.

Et c'est le relatif qui deviendrait l'origine du positif? C'est le fait moral qui serait subordonné à l'éventualité physique?

On appelle aujourd'hui positiviste un matérialiste. Nous trouvons, nous, que les seuls spiritualistes sont des hommes positifs.

Il y a un courant de sensations qui va des extrémités au cerveau; mais n'y a-t-il pas un courant vital qui, du cerveau, court vers les extrémités et les déborde, en usant tout, en dévorant tout par son contact?

Dans les jouissances ou les douleurs matérielles, qui aboutissent matériellement au cerveau, est-ce qu'il n'y a pas un je ne sais quoi d'intime et d'indéfinissable, une unité se possédant indivisible, qui ne saurait compatir avec la divisibilité de la matière, et qui, éprouvant la sensation, la domine, s'isole d'elle et de l'organe conducteur, pour leur devenir comme étrangère?

Et dans les grandes souffrances morales, cet isolant suprême, est-ce que le principe inconnu ne se révèle pas comme indépendant de l'organisme, de façon à laisser croire parfois qu'il cesse d'en faire partie?

Non, non, pour qui sait étudier et réfléchir, le principe de la vie ne peut faire l'objet d'un doute.

*
* *

Mais, reprenons la démonstration de Dieu : c'est là le point capital. Dieu admis et universellement incarné dans notre nature, il advient de lui ce qui résulte d'un appareil, dont le terme correspondant est une fonction; on le reconnaît forcément comme créateur, et, du moment qu'il crée, n'étant pas au-dessous de l'homme, qui ne fait rien sans but utile, le but qu'il se propose dans la création ne peut être la mort, négation de tout résultat et, par suite, persistance de l'œuvre : une autre vie!

Voilà où conduit le raisonnement appuyé sur la science. Le raisonnement et la science, c'est-à-dire la logique et Dieu, valent bien, ce nous semble, la foi, cette abdication de l'être moral, cet abrutissement volontaire de l'être intellectuel, appuyés sur la trinité, en voie de copulation avec sa créature pour produire en elle cet amalgame inextricable d'un père qui devient son propre fils, d'un fils qui engendre son père, d'un Saint-Esprit assez matériel pour procréer des enfants, mais pas assez pour offenser une virginité théologique.

L'on cherche à définir Dieu, et l'on ne peut pas même définir la vie. La vie se démontre et Dieu se prouve comme choses de fait, mais sans qu'on puisse remonter à leur essence. Ils sont ; mais que sont-ils ? Et qu'importe, pourvu qu'ils soient. Le fini matériel est une mauvaise toise pour mesurer l'infini moral. Il faut être pauvre de toute l'ignorance présomptueuse des castes sacerdotales, pour oser entreprendre la définition de Dieu, de son action organisatrice, de ses desseins pour l'avenir, de sa demeure, presque de son mobilier et de ses hardes.

Revenons à la physiologie. Notre but est clair. Nous combattons le hasard et la vie de la matière. La vie de la matière, c'est la mort érigée en un système savamment conçu par un hasard, qui ne conçoit rien et veut encore moins.

Chose inouïe : les penseurs de cette école et tous ceux qui ne pensent pas, mais qui suivent le torrent, font faire au hasard un tour de force prodigieux. Qu'un Dieu, qui est la science et la vie et de plus l'infini, organise un monde avec splendeur, c'est magnifique, mais naturel. Que le hasard, qui est la mort, avec tous les attributs de la mort : aveuglement, insensibilité, absence de force, imprévoyance, le vide, en un mot, un vide absolu, organise un monde magique comme exécution de détail, comme larges vues d'ensemble, et d'après des lois propres à l'élément constitutif, lois qu'on met en œuvre dans leurs combinaisons les plus savantes et, cela, sans les connaître, c'est quelque chose de fabuleux. C'est la négation de sa propre affirmation.

Nous combattons pour Dieu et pour la vie comme principes indépendants de toute essence matérielle.

Nous cherchons la paix de l'homme, par suite, et l'ordre des sociétés.

De pareilles luttes n'ont pas l'attrait des agencements dramatiques de nos romans modernes, et, cependant, allez au fond des choses, prévoyez des heures qui doivent venir et vous comprendrez qu'il y ait quelque importance à savoir, sans délai, si nous sommes destinés à la vie ou au néant. Vivez uniquement aujourd'hui de distractions et d'oublis successifs : vous verrez ce que seront un jour le réveil et votre chute dans un sentiment intime de vous-même qui, loin d'être un piédestal, ne sera plus qu'un abîme sans fond.

Ce que nous cherchons, nous, c'est de faire jaillir l'immortalité du fond même de cet abîme.

Si nous étions destinés au néant, oh ! alors, cette création sublime, qui nous transporte d'enthousiasme, cette création nous ferait horreur. Les lambeaux de charognes qu'on jette aux bêtes fauves d'une ménagerie nous inspireraient moins de dégoût, et le monde organique ne serait à nos yeux que cette pâture, mais plus avilie et plus dégénérée, puisque, dans l'espèce, loin d'assouvir une faim régénératrice, elle ne ferait qu'ouvrir les appétits d'une voracité suprême de destruction.

Revenons à l'organisme humain, chef-d'œuvre d'un hasard dont la clairvoyance nous émerveille.

Nous avons vu se dresser un squelette avec sa charpente osseuse, ses muscles, ses nerfs, son estomac, ses intestins, le foie, les reins, le cœur, les poumons, les organes de la génération, ceux de la vue, de l'ouïe, du tact, de l'odorat, le tout centralisé par le cerveau.

Dans cet ensemble si compliqué et cependant si simple, simple comme la vérité, mais non comme un mystère théologique, où tous les appareils exercent des fonctions distinctes, un grand trait-d'union relie entre elles toutes les parties pour les faire concourir au même résultat.

Dans cette machine prodigieuse, nous trouvons l'application de toutes les sciences dans ce qu'elles ont de plus rigoureusement précis.

L'estomac, les intestins grêles, le foie, les reins, les glandes disséminées de toutes parts, les poumons sont des laboratoires de chimie, où cette vaste science se livre aux combinaisons les plus savantes, pour décomposer la matière et la recomposer, selon des appropriations prévues et voulues. La chimie humaine suit de très-loin les opérations de cette chimie naturelle, et reste confondue des effets surnaturels qu'elle obtient.

Le cœur, avec ses embranchements infinis, artères et veines, met en œuvre la science entière de la dynamique ou de la force et du mouvement.

L'organe du poumon, outre ses fonctions chimiques, fait application de la science la plus élevée de la pyrotechnie ou de l'usage du feu, la vie organique proprement dite n'étant pas autre chose qu'une locomotive tirant son action du feu et du charbon. Or, notre locomotive humaine fait, sans qu'on s'en doute, un tel usage de combustible et de calorique, que son foyer dégage par vingt-quatre heures assez de chaleur pour élever à l'ébullition 25 litres d'eau.

Le système nerveux embrasse la science de la télégraphie par la mise en pratique du magnétisme et de l'électricité.

L'organisme si complexe de la vue et si étonnamment réussi, met en pratique les sciences ayant pour objet la lumière, les perspectives, les formes, les mouvements, les rapports, l'optique.

L'instrument de l'ouïe exige, pour sa construction, une connaissance approfondie de la science de l'acoustique ou de la théorie des sons.

Pour les perceptions du goût, pour celles de l'odorat, quelles inventions magiques il a fallu trouver, afin de décomposer, sur des ramifications nerveuses, les molécules insaisissables des saveurs, des parfums, des émanations de toute sorte.

Et le cerveau, quel cataclysme des sciences les plus diverses et les moins connues il exige pour sa conception, que suit une exécution triomphante. Là viennent se refléter toutes les images, toutes les couleurs, tous les mouvements, toutes les harmonies de formes et de sons, d'expression et de sentiment du monde extérieur qui, avec son immensité de détail et d'ensemble, se reconstitue vivant dans quelques centimètres carrés, non-seulement pour son existence présente, mais encore dans son existence évanouie. Là aussi viennent se grouper en une sainte famille toutes les sensations intérieures, toutes celles de la vie morale, qui embrasse la connaissance comparée de toutes les sciences, dans ce qu'elles ont de plus transcendant, jusqu'aux aspirations les plus éthérées vers un inconnu, qui n'a d'autres limites que Dieu, ce commencement illimité de l'infini !

Et les organes de la reproduction dans les deux sexes, en ont-ils exigé des mondes de science pour la création d'un germe imperceptible, renfermant l'être à l'état microscopique, et capable, par des alluvions successives, soit dans le sein de la mère, soit à l'état libre, de prendre des proportions comparativement gigantesques ? La physiologie de cet organisme, dans son ensemble et dans ses fonctions, est quelque chose d'éblouissant. Et, ce qui ne l'est pas moins, c'est le faisceau des sentiments sublimes qui le mettent en jeu, et qui succèdent à ses résultats. L'amour d'une jeune fille, quoi de plus pur ? L'amour maternel d'une jeune femme, quoi de plus saint ?

Et ce phénomène sans nom de la création de l'homme et de la femme, création matérielle et morale faite l'une pour l'autre à tel point, que celle-ci sans celle-là est un hors-d'œuvre inutile, cette création, vient-on nous dire, est l'œuvre du hasard. Si les hommes de science ne vont pas si loin, ils se taisent et n'osent pas confesser un Dieu.

Qu'est-ce donc que le hasard, en admettant même les propriétés chimiques de la matière ?

C'est le chaos ; c'est ce que nous avons vu en

pleine mer pendant la tempête. Les flots, poussés par des forces aveugles, obéissent aux lois matérielles et produisent un mouvement confus, monotone, hébété, livide, qui donne le vertige, qui soulève le cœur, et forme bien réellement ici une véritable harmonie de hasard.

Eh bien ! c'est à cet artiste des tempêtes que l'on attribue la création.

Il paraît que l'imagination humaine aime les miracles. Si les castes sacerdotales en inventent, les savants n'ignorent pas la manière de les improviser.

*
* *

Encore un mot sur les hauts faits du hasard. La matière est-elle douée de l'existence ? Suivons-la jusque dans ses apparences de vie. Suivons en même temps Dieu jusque sous les apparences de son néant.

Un repas est servi. Il se compose de matière. L'homme est là qui représente un ensemble d'appareils destinés à la décomposition et à la recomposition de cette matière inerte sous forme humaine.

Les aliments sont portés à la bouche. Celle-ci est construite avec tant d'art et d'esprit de prévoyance, qu'elle est pourvue de ce qui lui est utile pour faire quatre choses indispensables : elle goûte, elle sent, elle broie, elle insalive sa bouchée.

Par la déglutition, le bol alimentaire est précipité dans l'estomac. Dans cet organe, la matière est réduite en chyme, à l'aide du suc gastrique, et au moyen de deux actions, l'une mécanique, l'autre chimique. En cet état, nous ne trouvons encore en elle rien de vivant.

Le chyme suffisamment préparé, voit le pylore lui livrer passage, et il arrive dans les intestins grêles, où il devient du chyle.

Comment se fait-il que le pylore ne laisse passer le chyme que lorsque la préparation est à point? Mais, comment se fait-il aussi que l'enfant vienne au monde juste au moment où la gestation est terminée ? C'est un mécanisme bien merveilleux que celui de nos appareils !

Dans les intestins grêles, les matières alimentaires sont converties en chyle et rendues propres à l'absorption, par l'intervention de la bile et du suc pancréatique.

Comment se fait-il que ces deux sucs viennent se mêler aux aliments, alors qu'ils leur sont nécessaires, le pancréas et le foie n'étant que des laboratoires matériels, que des ustensiles de chimie ?

Après cette troisième transformation, la matière ne porte encore en elle aucun signe de vie.

Les vaisseaux chylifères, qui naissent à la surface du tube intestinal, pompent le chyle et le portent au cœur.

Le chyle, de blanc qu'il était à l'origine des vaisseaux chylifères, prend dans son parcours jusqu'au canal thoracique une teinte rosée, qui le prépare à devenir du sang.

Encore là, pas la moindre vie. Ce n'est qu'une simple agrégation de matériaux.

Dans le canal thoracique, le chyle se mêle au sang veineux, qui arrive épuisé de toutes les parties du corps, où il a déposé ses principes assimilables, afin de se renouveler.

Du canal thoracique, il pénètre dans le cœur, qui, pompe refoulante, le chasse vers les poumons.

Là, dans cet appareil si savamment conçu et dont la description mécanique et chimique ferait tant d'honneur au hasard et à ses promoteurs, s'opère le phénomène de la respiration. Et, chyle et sang veineux, définitivement transformés en sang artériel, susceptible d'assimilation à tous nos organes, reviennent au cœur, qui, par ses gonflements et ses contractions, débutant avec la vie et ne s'arrêtant qu'avec elle, repousse ce sang avec énergie vers tous les points de l'organisme.

Il se précipite dans les artères, comme dans un goufre, en un torrent écumeux et rouge écarlate. Il débute par l'aorte, d'où partent à droite et à gauche des rameaux, qui le font remonter dans les deux bras et des deux côtés de la tête. Voilà pour le service supérieur.

Ce service assuré, l'aorte descend le long de la colonne vertébrale jusqu'aux reins. Chemin faisant, elle projette de toutes parts des multitudes d'artères, qui se répandent dans le tronc. A partir des reins, l'aorte se bifurque et pousse deux grands jets, qui vont s'épanouir à l'extrémité des pieds.

A ce système artériel, nous trouvons une contre-partie. De ses extrémités, plus ténues que des cheveux et qui tapissent tout le corps d'un tissu serré, à l'intérieur ainsi qu'à la surface, de ses extrémités partent, comme un prolongement ou une continuation, les veines capillaires. Celles-ci font reprendre au sang épuisé la route du cœur. Elles constituent, par leurs fonctions, un arbre dont les racines naissent de l'extrémité des branches, tandis que le tronc, à l'inverse du tronc artériel, au lieu d'être le point de départ de la circulation, en forme le point d'arrivée.

Avec ce double système de va et vient, le sang, après avoir laissé à tous les organes ses parties nutritives, nécessaires à leur développement ou à leur entretien, fait retour vers le cœur, entraînant avec lui les molécules usées de l'organisme, qui désormais ne pourraient que l'obstruer, loin de le servir. Ce sang veineux est devenu noir, et, avant que de rentrer dans le cœur, se mêle au chyle, comme nous l'avons vu, et passe dans le poumon pour y reprendre les vertus régénératrices du sang artériel.

Le sang veineux, à son retour de la circulation active, traverse le foie et y dépose en partie les détritus, les balayures, le coke pour ainsi dire de tout ce qui a fini son temps dans les mille agrégations de nos organes, et le foie, par un travail chimique, dont les appareils distillatoires sont merveilleux, en fait de la bile, qu'il versera au moment voulu dans la digestion.

Les liquides, eux aussi, ont leurs appareils digestifs et excréteurs, comme les solides que nous mâchons et l'air que l'on respire.

Si nous voulions décrire chaque organe en détail, pour en développer le mécanisme propre, puis la fonction spéciale et celle de corrélation, il faudrait des milliers de volumes. Du reste, ce soin appartient à l'anatomie et à la physiologie et n'entre pas dans notre tâche.

Il n'est pas une articulation, un os, un muscle, un nerf, une artère, une veine, un tissu, une glande, un ongle, un cheveu, sans compter les grands organes, qui ne soit un chef-d'œuvre accompli dans sa construction. C'est bien là le cas de dire, avec le proverbe, qu'il faut le voir pour le croire.

Et si, maintenant, nous mettions en lumière l'organisme entier de la reproduction, avec les phénomènes successifs de ses fonctions, quel ne serait pas l'étonnement de tous ceux qui, par indifférence ou ignorance, attribuent aussi bien au hasard qu'à Dieu la création des choses sublimes de ce monde, dont nous nous bornons communément à admirer les surfaces?

*
* *

Mais, abandonnons ces aperçus sommaires sur ce qui est de simple organisation mécanique et chimique, pour élargir le cadre de nos idées et condenser la question.

Nous avons suivi le chyle jusqu'au cœur et, de là, dans les poumons. Avant son entrée dans le poumon, il n'est pas assimilable au corps. A sa sortie, il peut s'unir à notre organisme matériel; il peut devenir le nous physique. Selon la généralité des physiologistes, des médecins, des savants et d'un grand nombre de philosophes, il porte la vie dans l'homme et la constitue, puisque un principe vital indépendant n'existe nulle part.

C'est là une des questions les plus graves. Nous n'en savons pas qui lui soit supérieure. Être ou ne pas être vaut la peine qu'on y songe. La santé ainsi que la bonne fortune ne durent pas toujours, et même, dans les joies de la prospérité ou de la jeunesse, il est de ces attractions terribles, qui vous attirent en sens inverse, les unes en haut vers l'inconnu, les autres en bas vers une fosse égalitaire, et le pur matérialisme répond mal à ces deux exigences de notre mystérieuse activité.

Le sang doit jouer un grand rôle dans notre composition d'ensemble, puisque, à l'intérieur comme à l'extérieur sous cutané , nous nageons dans un bain de sang.

C'est qu'en effet nous sommes un composé de sang dans notre totalité matérielle et, de plus, il faut que ce composé baigne dans le sang pour fonctionner.

Dès lors le sang, après avoir passé dans le poumon et s'être transformé en sang artériel, renferme-t-il la vie ?

Pour qu'il la renferme, il faut qu'elle soit dans le chyle et, plus loin, dans les aliments qui l'ont composé ; ou bien, il faut qu'on la trouve dans l'air absorbé par la respiration.

Or, qu'est-ce que la vie ? Un principe capable de recevoir une impression, de la sentir et de se l'approprier. Mieux encore, la vie, c'est le sentimeut du moi. Que l'être se définisse à lui-même ce moi pour en jouir et se dire : je suis, ou qu'il ne se le définisse pas, et se borne à faire volontairement ce qui est nécessaire pour le défendre et garantir sa durée, le moi, latent ou visible à soi-même, n'en est pas moins une vie qui se sent individuellement, qui se reconnaît soi, et ne se confond pas avec autrui.

Sentir qu'on est soi et non autrui , telle est, selon nous, la définition la plus exacte et la plus précise de la vie. Se distinguer de tout ce qui n'est pas nous, c'est affirmer le moi et constater son essence. C'est être, en un mot.

Un rocher, est ; un repas, est ; l'air, est. Ce sont là les éléments du sang et de l'organisme humain ;

mais, sont-ils, existent-ils dans l'acception vitale du terme et selon notre définition, que nous croyons exacte, puisqu'elle ressort d'une analyse rigoureuse de la personnalité ?

Ces éléments sont des faits palpables, composables et décomposables ; mais non des choses actives qui sentent, qui aient le sentiment ou la sensation de leur être. Le moi visible ou caché y fait défaut. Le sentiment ou même la seule sensation de soi y manque.

Et, d'abord, pour remonter à l'agent constitutif de notre organisme, quelle est la composition du sang ? Dans le sang nous allons trouver tous les éléments de notre corps ; mais nous n'y trouverons pas la vie.

Après une saignée, le sang se sépare en deux parties. L'une est un liquide jaunâtre, le sérum ; l'autre une masse rouge, le caillot.

Qu'est-ce que le sérum, qu'est-ce que le caillot ?

Le caillot se compose de globules aplatis, blancs au centre, avec des bords gélatineux de couleur écarlate. Ces globules sont reliés entre eux par de la fibrine.

De quoi se composent ces globules, qui ressemblent à des raies ? De quoi se compose la fibrine, qui sert à la contexture des muscles ?

La fibrine n'est pas autre chose que du gluten, qui lui-même est une colle. Qu'est-ce qui entre dans la composition du gluten ? Le carbonne, l'hydrogène, l'oxygène, l'azote, telle est la base de la fibrine.

Les globules, de leur côté, ne sont encore que de l'albumine. L'albumine, comme la fibrine, comme la caséine, c'est toujours du carbone, de l'hydrogène, de l'oxygène, de l'azote et dans les mêmes proportions. C'est le même composé sous des noms différents. Ce composé renferme tous les éléments de l'organisme.

Ainsi, la caséine, qui est le lait, nourrit l'enfant nouveau-né et développe ses os, ses muscles, ses cheveux, son total organique.

L'albumine, qui est le blanc d'œuf, nourrit le petit poulet et développe ses os, ses muscles, ses tissus, ses plumes, le total de son organisme.

C'est que l'albumine, la caséine, la fibrine, c'est toujours du gluten, une colle, de la matière, une attraction, une répulsion : la grande loi !

Le caillot nage dans le sérum. Qu'est-ce que le sérum ? De l'eau et de l'albumine, c'est-à-dire du blanc d'œuf, du lait ou caséine, de la fibrine ou gluten, en un mot, c'est de la colle et de l'eau.

Complétons-nous en fournissant les proportions du composé. Dans 1,000 grammes de sang nous trouvons 870 grammes de sérum et 130 grammes de caillot.

Dans les 870 grammes de sérum figurent 790 grammes d'eau, 70 grammes d'albumine et 10 grammes de sels. Le sel de cuisine entre pour moitié dans ce dernier chiffre. Les 5 grammes complémentaires se composent d'hydro-chlorate de potasse et de soude, d'acétate de soude, soude carbonatée, phosphate de soude, etc., etc.

Le caillot comporte **130** grammes. Sur ce chiffre nous trouvons **3** grammes de fibrine, **2** grammes de fer et **125** grammes de globules, c'est-à-dire d'albumine.

Sous l'influence de la chaleur animale, le caillot et le sérum ne font qu'un dans les vaisseaux de la circulation.

La ténuité de ce liquide est extrême, tout obstrué qu'il soit de ses globules, puisqu'il circule dans les veines d'une mouche, qui elles aussi sans doute possèdent leur épanouissement capillaire.

Lorsque Dieu lançait les mondes et lorsqu'il travaillait au sang et aux vaisseaux invisibles dans lesquels il circule, quels extrêmes! Mais il n'y a ni l'infiniment grand, ni l'infiniment petit pour l'infini.

Maintenant, nous avons deux questions à nous adresser. Qu'est le sang en lui-même, d'après sa composition? Quelle est sa fonction?

Tout l'organisme naît du sang : c'est lui qui le produit par des compositions et des décompositions successives ; par des alluvions nouvelles venant remplacer des alluvions usées; en mettant des matériaux neufs à la place des vieux matériaux.

Or, le sang se compose des huit dixièmes d'eau, la presque totalité de la masse, et des deux dixièmes de gluten, ou pain, ou lait, ou fromage, ce qui revient au même, ces substances n'étant que de l'oxygène, de l'hydrogène, du carbone et de l'azote dans des proportions identiques.

D'où proviennent ces substances? des végétaux. Le règne animal est donc fondé sur le règne végétal. Et nous ajoutons, par analogie, que le règne intellectuel est basé sur les deux règnes qui le précèdent et dont l'un tire son origine de l'autre.

Nous avons défini la vie : le sentiment de soi ne se confondant pas avec le sentiment d'autrui; car, l'on ne va sans doute pas appeler existence ce mouvement organique des corps, soit végétaux, soit animaux, qui les fait se développer matériellement, sans que ces corps aient le sentiment de leur être.

Dès lors, nous le demandons, trouvez-vous le sentiment de soi dans les atomes de la poussière du gluten? Trouvez-vous le sentiment de soi dans les atomes constitutifs de l'eau? Le trouvez-vous dans les atomes de l'air?

Nous allons plus loin : nous ne le trouvons pas même dans l'ensemble des organes de notre corps. Ces organes agissent d'un mouvement mécanique comme la végétation, tant sous l'influence de la chaleur que sous l'influence des propriétés attractives ou répulsives de la matière. Par ces propriétés et la contexture de leur agencement, ils sont ou absorbants, ou excréteurs, ou contractiles, ou élastiques, ou assimilants; mais ce n'est point là le signe de la vie. C'est de la chimie, c'est de la mécanique transcendante; c'est admirable comme invention et comme exécution; mais, au point de vue réellement vital, ce n'est que de la mort mise en jeu par des propriétés passives et fatales, domptées par une puissance suprême.

Ainsi, le sang, qui est le grand constructeur de l'organisme, ou plutôt l'unique agent dont celui-ci se sert pour constituer, est-il vivant? Concourt-il à son œuvre comme une essence qui vit?

Le sang n'est pas autre chose que la terre dans laquelle les racines des végétaux vont puiser leurs sucs réparateurs. Il n'y a que cette seule différence, c'est qu'il va au devant des racines de nos organes, tandis que le sol nourricier ne bouge pas.

Et le sang vit si peu de lui-même; il fait son œuvre d'une façon si inintelligente, si passive, si morte, que, selon l'organisme ou le moule étalon qui l'emploie, vous lui voyez modeler toute espèce de formes : la tortue, le poisson, l'oiseau, le cheval ou l'homme indistinctement. Il n'est qu'une rivière bourbeuse déposant du limon.

Du reste, en dehors des vaisseaux qui lui impriment la circulation, qu'est-il? Piquez-le, hachez-le, sent-il la moindre impression? Donne-t-il aucun signe de vie?

La digestion des éléments qui le constituent n'a qu'un but : diviser indéfiniment une matière inerte, la réduire en une poudre impalpable, la volatiliser, pour ainsi dire, afin de la rendre propre à tout, de lui permettre de s'infiltrer de toutes parts et de suinter à travers tous les tissus. Mais, cette matière morte, d'où tirerait-elle la vie?

Nous dira-t-on ; dans une composition chimique,

l'un des éléments donne à l'autre ce qui lui manque; les deux réunis pourvoient un troisième de ce qui lui fait défaut; les trois ensemble complètent à demi un quatrième; les quatre premiers prennent à un cinquième de quoi être moins incomplets, et cela successivement, jusqu'à ce qu'on arrive à la vie pour résultante.

Mais, comme ce qui manque à chacun en particulier, c'est la vie, et qu'ils ne peuvent donner ce qu'ils n'ont pas, vous n'obtiendrez jamais un chiffre, pour total, avec une addition de zéros. La vie ne naît pas de la mort; le vide ne sera jamais l'origine de ce qui est.

*
* *

Plus nous nous élevons dans un ordre d'idées qui s'obscurcit à mesure qu'on se rapproche de son dénouement, plus nous devons tâcher d'être clair, de procéder avec méthode et de faire appel à une logique serrée.

L'intelligence humaine étant le seul révélateur de Dieu et de notre avenir extra-terrestre, perfectionnons de plus en plus ce magnifique instrument, que la vérité fait jouer juste et qui joue toujours faux par l'erreur. Cherchons la vérité dans la science; elle n'est que là.

Le corps humain qu'on trouve vivant, si l'on ne réfléchit pas, n'est point la vie. Nous n'en trouvons pas une seule parcelle dans sa contexture. Il est l'ensemble des agents de la vie, voilà tout. Mais au point de vue vital, il est la mort présente, tout comme la matière qui le compose. Existe-t-il plus que le fil télégraphique sur lequel court l'électricité ? Existe-t-il différemment, quant au résultat, que le rail sur lequel vole la locomotive ? Sans le fil de fer, que devient le fluide électrique ? Faut-il les confondre l'un dans l'autre et dire que l'appareil est le principe de l'action ?

C'est là cependant ce que font les savants à l'égard du corps humain. Ils confondent la vie avec ses organes et, des organes, ils font le principal.

Au principe vital de l'homme, comme à l'électricité, il fallait des agents matériels pour agir sur la matière. Comment un pur esprit, interné dans ce monde et destiné à des relations avec le milieu au sein duquel il venait d'être lancé, eût-il pu nouer ces relations, en tirer parti, les exploiter, si vous le supposez privé d'organes physiques ? La force pour mouvoir la matière, un sens pour la sentir, pour la goûter, pour l'entendre, pour s'en faire écouter, ou puisera-t-il ces moyens si vous le condamnez à vivre sur la terre à l'état d'esprit ? Mais, vous le frappez d'esclavage par l'excès même de sa liberté. Vous l'emprisonnez dans le vide. Il ne peut se communiquer à rien : c'est la vie portant le néant à la place du cœur.

Il fallait donc sur la terre des organes à la vie, comme à l'électricité il faut le fil conducteur et à la locomotive le rail. Maintenant, montons d'un degré dans notre raisonnement.

Est-ce que notre main, est-ce que notre pied, est-ce que nos yeux, est-ce que nos oreilles, est-ce que notre odorat, est-ce que nos organes, quels qu'ils soient, ont le sentiment des impressions qu'ils reçoivent ? Est-ce qu'ils vivent d'un moi qui ne se confonde pas avec autrui ? Est-ce qu'ils sentent qu'ils sont, soit sous le coup d'une sensation, soit dans l'isolement absolu de toute atteinte étrangère ?

Isolés d'un principe vital qui est en nous, nos divers appareils peuvent être considérés comme n'existant pas. Leurs plaies, leurs blessures, leurs plus vives douleurs ne sont nullement ressenties. Si le corps vit, cependant, ne devrait-il pas avoir la conscience vitale du mal éprouvé? Comment se fait-il qu'il soit loisible de vous supprimer un membre, sans que vous puissiez vous en apercevoir, si sa communication avec le cerveau est rompue ? La vie ne lui est donc pas propre ? Elle n'est donc que relative ? C'est donc le cerveau qui renferme la vie et non le membre.

Si nos divers membres, si nos divers organes, si tout l'organisme n'éprouvent la souffrance qu'à la condition de la transmettre à l'organe cérébral, en dehors de lui rien ne vit. Sauf un coin imperceptible, le corps est mort. Il végète ; mais il n'existe pas. Des mouvements mécaniques ou chimiques l'entraînent, semblables au mouvement de la pierre qui tombe par les lois de la pesanteur ou de l'attraction , semblables aux fusions et aux désagrégations de la matière dans un appareil de chimie. Ces mouvements ne constituent pas l'existence.

L'organisme humain transmet mécaniquement les sensations qu'il reçoit matériellement ; mais, il n'est pas le principe qui goûte, qui entend, qui voit, qui sent. Il n'est qu'une lunette d'approche, qu'un cornet acoustique , c'est-à-dire un instrument passif, plus perfectionné qu'un autre, voilà tout.

Quel est donc le principe qui concentre les sensations ? Ce principe est-il le cerveau lui-même ? ou le cerveau n'est-il à son tour qu'un organe ?

Ce principe, est un. Il est indivisible. Il est surtout inorganique, ce qui revient à dire qu'il est d'essence immatérielle. Nous allions ajouter : ou du moins il n'est pas d'essence ayant trait à la matière connue. Les demi-mesures nous paraissent mauvaises en ce sens qu'elles sont toujours des compromis entre l'erreur et la vérité, entre le passé et l'avenir. Ces compromis ne sont pas des solutions.

Eh bien ! pour être rationnel et logique , nous dirons que le principe vital est inorganique et, par suite, d'essence immatérielle !

Tâchons de le prouver.

*
* *

Les impressions de nos sens sont isolées et indépendantes les unes des autres. L'œil ne peut que faire voir, l'oreille ne peut que faire entendre, l'odorat ne peut que faire sentir. Ce que l'odorat sent, l'oreille ne le sent pas, ce que l'oreille entend, l'œil ne l'entend pas. Chacun de ces organes a sa spécialité et, en dehors de cette spécialité, ne figure en aucune manière dans les manifestations de la vie, encore moins dans le sentiment qu'elle a d'elle-même. Sauf la fonction qui lui est propre, il n'existe pas. Il se révèle à nous comme moyen, comme auxiliaire; mais nous sentons qu'il n'est pas nous. L'œil obéit à notre volonté, nous apporte des impressions et, cependant, entre les objets qu'il reflète et le principe vivant qui perçoit, nous ne nous apercevons seulement pas de son existence. La vie s'épanouit à l'extérieur, et l'extérieur s'épanche dans notre être intime, comme s'il n'existait aucun intermédiaire.

Cela prouve la perfection des instruments; mais cela démontre aussi qu'ils sont étrangers au principe vital du moi. S'il n'en était pas ainsi, chaque organe aurait son moi particulier, sa vie à part, et il faudrait encore arriver à un dernier agent centralisateur capable de faire l'unité au sein des impressions si diverses de tous nos sens.

C'est là ce que prétendent nos savants modernes. Ils n'admettent que l'organisme et, selon eux, lui seul produit la vie.

Du moment que l'organisme produit la vie, le moi est matériel. Dès lors, il est un corps organisé. Il est impossible de l'admettre inorganique, parce qu'alors il serait un esprit. La matière sans organisation jouissant du moi, pourquoi s'être donné la peine de créer la vie organique? L'on se donne beaucoup de mal, l'on dépense des prodiges de science, afin de produire le moins, quand on possède le plus venu seul et existant de soi.

Les savants sont trop logiques pour admettre cette dernière hypothèse. Comme, selon eux, la vie résulte de l'organisme, elle est forcément matérielle et plus nécessairement encore organisée.

Voilà donc le moi qui possède des organes, et, quelque éthérée que soit l'essence de ce moi; quelque aériens que soient ses organes, il en possède, puisque il n'est qu'une matière à sensations.

Nous nous trouvons dès lors en présence de deux hypothèses. Le moi est ou organique, ou inorganique, c'est-à-dire immatériel.

Jugeant toujours par analogie, si le moi est matériel, il est organisé comme toute matière active. Dans une sphère plus élevée que notre corps, il doit être la reproduction et comme l'écho de ce corps. Subissant une organisation, il lui faut par suite un sens pour chaque espèce de sensation, comme il arrive pour le cerveau. Il est dès lors un principe multiple, dépourvu d'unité, qui se soustrait à l'intimité rigoureusement unitaire du moi.

Encore, dans cette hypothèse, aucun de ces sens, quelque éthérés, quelque subtils qu'on les suppose, ne sera le moi dans l'inaction. Il ne se sentira pas plus dans les autres sens que les autres sens ne se sentiront en lui. Il en sera comme de l'ouïe qui ne voit pas, comme de l'œil qui n'entend pas. Chaque organe sera la mort en dehors de sa spécialité. Or, un organe qui, en dehors de sa spécialité, ne vit pas, ne perçoit pas, n'a pas le sentiment de son être, n'est qu'un instrument passif, qu'un moyen, qu'un fil électrique, qu'un rail; il n'est rien par lui-même et ne peut être que l'agent d'un principe supérieur.

Rien n'est fatiguant comme une trop grande tension de l'esprit. Cependant le sujet en vaut la peine, et nous demandons qu'on veuille bien méditer sérieusement avec nous quelques minutes. Nous voilà parvenus au point le plus élevé des horizons de notre étude.

Nous n'avons pas trouvé le moi de la vie dans les aliments; nous ne le trouvons pas davantage dans la bouchée que nous broyons, dans le chyme de l'estomac, dans le chyle des intestins grèles, dans le sang des artères, dans les organes que forme ce sang.

En remontant plus haut, nous ne le rencontrons pas encore dans l'organisme si parfait des sens : l'œil, l'odorat, le toucher, l'ouïe, le goût. Il est démontré que ces magnifiques appareils ne valent qu'autant qu'ils sont en rapport avec le cerveau.

Le corps médical moderne prétend que dans le cerveau seul gît le principe de la vie.

Nous répondons que le cerveau centralise les impressions ; mais il ne s'agit pas de résoudre ainsi les questions par des affirmations abstraites. Puisque votre action vitale est matérielle, elle est analysable jusqu'à sa dernière limite, et nous sommes loin d'y toucher.

Votre principe vital étant matériel, et la matière, quelque volatile que vous la supposiez, n'étant jamais que de la matière, cette matière doit être organisée pour être susceptible d'une perception.

Il faut que ce fait soit bien établi, et vous ne sauriez nous le nier, vous dont les travaux ne portent que sur l'organisme de la vie, et qui ne trouvez nulle part l'existence que sous forme organique.

Voilà donc qui est entendu.

Eh bien ! vous reconnaissez que le moi vital, qui ne se confond pas avec le moi vital d'autrui, que ce moi n'existe dans aucun de nos organes ; qu'il faut remonter au cerveau, avec les impressions, pour découvrir sa trace et lui assigner un siége.

Vous en restez là, niant une vie indépendante du corps, mais sans analyser d'un autre côté la vie matérielle de votre cerveau générateur.

Dès lors, la matière devant être organisée pour être susceptible, non-seulement de végéter, non-seulement de subsister à la façon mécanique des organes; mais encore, et à plus forte raison, pour vivre activement et sentir, votre vie cérébrale, votre agent centralisateur, votre essence sensitive, votre fluide perceptif, votre collecteur indéfini, en un mot, étant matériel, doit être forcément un organisme pour fonctionner.

Or, et toutes les analogies vous condamnent à subir ce fait, il est démontré que les organes ne portent pas en eux la vie complète, le sentiment du moi.

Si les organes ne sentent rien par eux-mêmes dans le corps; s'ils ne sont doués d'aucun sentiment vital constitutif du moi; si nous ne les trouvons qu'à l'état d'instrument passif d'un soi que vous êtes oblig d'admettre en lui-même, tout en contestant sa composition ou son essence; si en définitive jusqu'au cerveau, toute l'échelle des appareils organiques exige un élément centralisateur, pourquoi l'organisme vital qui siége dans la tête dérogerait-il à la règle commune ? Pourquoi donc ici seulement un appareil matériel se transformerait-il de lui-même en une matière douée de cette vie propre, qui lui permettrait de se passer de toute activité centrale, d'un principe collecteur? Pourquoi, à cette limite suprême, ne reconnaissez-vous pas que ce qui a lieu jusque-là dans le fonctionnement des organes, se continuera jusqu'au bout ? Pourquoi s'arrêter court et nier au sommet de l'œuvre les antécédents de la physiologie, ses procédés, ses lois, ses causes, ses effets, et dénaturer l'essence de ses agents ? Comment se fait-il que vous en veniez à traiter votre base fondamentale, qui est, soit la matière brute, soit la matière organisée, comme un simple et pur esprit ?

Voyons, fournissez-nous une réponse satisfaisante. Sans ambages, votre solution ?

Revenez avec-nous à la logique de la science. A l'ensemble d'un organisme comme le corps humain, qui se compose d'une multitude d'appareils divers, n'ayant pas par eux-mêmes et en eux-mêmes le moi de la vie, sans lequel la vie n'existe pas, il faut un principe de centralisation. Ce principe, selon vous, c'est le cerveau. Admis. Mais enfin vous êtes contraints de reconnaître qu'en l'absence du cerveau, l'ensemble des organes du corps ne constituerait pas l'existence, avec son moi unitaire et sa centralisation des impressions venues de toutes parts ? Vous êtes dès lors obligés d'avouer que, sans le cerveau, la perception des sens serait perdue, n'aboutirait à rien et ne serait pas même perçue ? Ce qui revient pour vous à affirmer que le moi n'est pas dans les organes et que ceux-ci ne jouent qu'un rôle passif; qu'en dernière analyse un collecteur commun leur devient indispensable.

Cela nous suffit.

Or, si cette façon de raisonner et d'observer les phénomènes de la nature est juste et se fonde sur la vérité, comme elle se base sur l'analogie, un organisme quelconque n'est jamais par lui-même la vie originelle et se réduit au simple rôle d'instrument.

Au fond de cet instrument un être actif est toujours nécessaire, qu'il s'appelle cerveau ou porte un autre nom.

Or, cet être actif, ce centralisateur, s'il est matériel, par sa nature même, ne pourra fonctionner qu'à l'état organique.

C'est précisément ce qui arrive pour le cerveau, votre grand collecteur, votre principe de vie. Etant matériel, il est la matière organisée, et, loin d'être la vie réelle, il n'est qu'un organisme comme un autre.

Organisme, par suite élément passif, il faut chercher une activité quelconque sous les replis de ses appareils. Un appareil, en physiologie, répondant toujours à une fonction, et l'appareil n'étant jamais par lui-même le dernier aboutissant de ses impressions, nous ne pouvons voir dans le cerveau qu'un organe centralisant des organes. Mais il suffit que l'on constate sa nature matérielle, pour se prouver qu'il n'est qu'un organisme et, à ce titre, qu'un agent passif, nécessiteux d'un principe doué d'activité.

Si vous admettez que l'élément vital fonctionne sans organisation de la matière, vous faites appel à un esprit, ce qui n'entre pas dans vos principes.

Du moment qu'à la matière il faut une organisation pour exercer une fonction vitale, la matière par elle-même n'est pas l'action de la vie, puisque tout organisme exige un agent centralisateur, qui le mette en jeu et reçoive ses impressions.

Et tout organisme veut cet agent central, parce qu'un organisme, tous les faits de la physiologie sont là qui le démontrent, est un moyen de transmission, d'action mécanique, d'action chimique, et non d'action vitale ayant le sentiment de soi distinct du sentiment d'autrui.

Or, ce centralisateur ne pouvant être matériel, puisqu'il ne peut être organique, est nécessairement immatériel.

Il ne peut être organique, nous le répétons, parce qu'il n'aurait alors que le caractère passif de tout organe.

Donc, pour être ce qu'il doit être, c'est-à-dire actif, il faut qu'il soit inorganique, c'est-à-dire immatériel : matériel, il lui faudrait des organes, et, par tous ses organes, nous le trouverions passif.

Cette façon de raisonner ressemble fort à du rabâchage ; mais, la question est si grave et ces matières sont si obscures par elles-mêmes, qu'il nous semble opportun de tourner et retourner dans tous les sens notre argumentation.

Si l'on nous oppose des objections auxquelles nous ne puissions répondre, nous le regretterons. Il nous serait dur de perdre notre foi dans la puissance de l'esprit humain, pour s'élever à la preuve de l'âme et de son immortalité.

La matière ne produit des effets, ayant quelque apparence de vie, que sous forme organique.

La forme organique n'est qu'un agent passif,

puisque, sans le cerveau qui centralise, les organes sont de nul effet.

L'organisme est donc un moyen de la vie, et non la vie; nous ne le rencontrons qu'à l'état d'instrument. Nous ne le voyons pas à l'état d'individualité.

Organisme voulant dire moyen d'action, et la matière ne pouvant se révéler active que par des organes, cette même matière nous démontre de la sorte qu'elle ne peut exister qu'à l'état de vassalité, sous la domination d'un élément qui échappe à ses lois et puisse fonctionner en dehors de toute combinaison organique.

Or, cet élément ne pouvant être matériel, il ne reste qu'une alternative : il est immatériel.

S'il est immatériel, plus d'organes en lui; par contre, plus d'agents passifs; par suite, inutilité d'un agent centralisateur quelconque. C'est un esprit ayant le caractère d'activité voulu pour rassembler en une seule main les mille rênes qui aboutissent à lui de toutes parts. Il clôture la série des causes.

*
* *

Tâchons de remonter plus haut encore, sauf à nous répéter. Le sujet est aride : il faut beaucoup de patience pour nous suivre sur un pareil terrain.

Les organes de la vue, de l'ouïe, de l'odorat, du

toucher, du goût, ne sentent rien par eux-mêmes : ils se bornent à transmettre leurs impressions au cerveau.

Mais, si l'œil ne sent pas, si l'odorat ne voit pas, si le goût n'entend pas, cela prouve que chacun de ces organes a sa spécialité, et que chacun d'eux n'est plus rien en dehors de sa fonction spéciale.

Par suite, il faut un centre collecteur. Ce centre existe ; c'est le cerveau.

Si cet agent central est matériel, il suffit qu'il soit matière pour qu'il en résulte la nécessité d'un organisme.

Le cerveau est en effet un vaste appareil, dont on ignore le mode d'action et l'essence. Mais l'action est constatée : elle existe.

Est-ce à dire qu'elle soit indéfinissable, et qu'elle échappe à l'analyse de la logique ? Nous ne le pensons pas.

Puisque le moi vital du cerveau est un organisme, cet organisme exige des organes.

Ici, comme dans l'ordre physiologique que nous venons de parcourir, chacun de ces organes aura et devra avoir sa spécialité. Le sens de l'ouïe ne pourra sentir, le sens du goût ne saurait voir, le sens du touché sera dans l'impossibilité d'entendre. Il en sera ainsi, puisque l'agent est matériel ; qu'étant matériel, il est organisé ; qu'étant organisé, il ne comporte d'abord que des fonctions spéciales, et qu'en second lieu, ne percevant pas en dernier ressort par lui-même, il n'est qu'un instrument passif.

Dès lors, dans le cerveau, il faut encore introduire un élément centralisateur actif, inorganique, c'est-à-dire immatériel.

Si vous persistez à lui maintenir les caractères de la matière, même la plus volatile, notre argumentation conservera indéfiniment sa force sur la nécessité d'un organisme pour tout ce qui est matériel, et l'incessante obligation finale d'un principe collecteur commun.

Or, et revenons-en toujours où nous conduit la puissance du raisonnemeut, ce collecteur commun, pour être susceptible de recueillir dans son unité, dans son moi indivisible toutes les sensations, même les plus diverses et les plus opposées, ne pourra être un organisme, ne saurait être que ce qui se passe d'organisation : un principe immatériel!

Un élément immatériel de la vie se passe d'organes et, par suite, le même agent qui voit, peut entendre; celui-là même qui voit et entend, peut sentir. N'étant pas par lui-même un organisme, c'est-à-dire un intermédiaire, il est directement accessible à toutes les impressions et les perçoit.

Les physiologistes se figurent qu'ils sont de rigoureux logiciens en ne reconnaissant qu'une vie organique, tandis que cette affirmation seule en est la négation.

Qu'ils nous prouvent donc que les sens sentent par eux-mêmes; qu'ils ne sont pas un instrument passif et peuvent se passer d'un agent central, qui fasse son profit des impressions qu'ils transmettent?

Qu'ils prouvent donc que la matière brute est supérieure à la matière organique pour produire des actions compliquées?

S'ils ne le peuvent pas, ils reconnaissent qu'un organisme est supérieur; par cela même, que tout organe n'est jamais qu'un agent ou mécanique, ou chimique, ou passif, n'étant pas le moi se distinguant d'autrui. Puisqu'au fond de tout organe il faut un collecteur distinct de l'appareil, nous les trouvons dans l'obligation d'avouer qu'un organisme n'est jamais la vie active.

Or, comme un élément immatériel seul peut se passer de tout organisme, ne sont-ils pas dans la nécessité d'admettre l'immatérialité vitale ?

Ils rendent par là sa précision mathématique à la physiologie et leur logique aux raisonnements qui l'interprètent.

Sinon, après avoir, d'un bout à l'autre de la science physiologique, expliqué l'action des organes par des lois positives, fondées sur des éléments certains, ils sont obligés, en arrivant en tête de l'œuvre, c'est-à-dire au cerveau, d'abandonner leur méthode et de faire appel à un agent inconnu, qui se distingue des organes et capable de centraliser les sensations diffuses de l'organisme entier.

Or, si pour rester dans l'ordre de leurs idées matérialistes et ils y restent, l'agent inconnu est à leurs yeux d'essence physique, par cela même il est organique et, par ce fait dès lors, astreint à un centralisateur.

Qu'on remarque bien ce qui va suivre : le cerveau, d'après la physiologie, est, non pas le siége de l'activité humaine, mais la source de cette activité, la source unique et son élément constitutif.

Le cerveau étant matériel ne peut être qu'un organisme. Un organisme exige toujours un collecteur central. D'où il résulte que le cerveau, qui centralise les impressions des organes, lesquels sans lui n'auraient aucun sentiment des choses perçues, ce cerveau étant lui-même un organisme, veut à son tour un centralisateur. Si ce nouveau centralisateur est encore matériel, il devra être organique, par suite, pourvu lui aussi d'un agent de centralisation, et, cela, indéfiniment, tout cerveau superposé d'un cerveau, à la suite duquel devra venir sans fin une succession de cerveaux, capables d'être, sans trève, les centralisateurs les uns des autres.

Ce n'est pas là une exagération, c'est de la logique. Nous sommes dans les analogies en raisonnant de la sorte. Toute vie matérielle est organique. Tout organisme aboutit à un cerveau, c'est-à-dire à un centralisateur, les organes n'ayant pas le sentiment de soi par eux-mêmes.

Or, si tout organisme exige un collecteur central, tant que nous admettrons que ce collecteur est matériel, il faudra le reconnaître organique, par suite fatalement astreint et, cela, indéfiniment, jusqu'à l'absurde, à ne pouvoir agir à son tour sans un centralisateur, qui sera un cerveau, exigeant à son tour un cerveau, suivi d'une série illimitée de cerveaux.

A quoi arrive-t-on par ce procédé ? A n'avoir pas un seul collecteur central ; à ne pouvoir constituer un seul cerveau. De cerveau en cerveau, vous avez beau remonter vers un principe originel, il suffit que ce principe soit matériel pour imposer incessamment la nécessité d'une essence centralisatrice, qui, en définitive, ne centralise rien, si elle est matérielle.

Vous remontez ainsi jusque dans l'infini et vous vous y perdez.

Or, il suffit au corps humain d'une seule masse cérébrale pour centraliser à merveille les impressions des organes. Cet agent cérébral, qui est insensible par lui-même, est donc le siége d'un élément inorganique et par suite immatériel.

*
* *

Nous devons chercher la manifestation de l'essence individuelle dans tout ce qui peut révéler son être.

C'est dans les rêves que nous trouvons le moi et son organisme le plus nettement séparés, comme disjoints, et à l'état de deux choses distinctes.

Que le matérialisme des physiologistes veuille bien nous expliquer la situation double de l'homme dans ses songes ? En rêvant, nous sommes deux bien tranchés : l'un, qui est le nous, et qui en conserve le caractère, les instincts, les habitudes, le sentiment du moi; mais plus habile pour ainsi dire, plus dégagé d'entraves, disant des choses qui nous surprennent au réveil. L'autre, une sorte d'étranger importun, introduit chez soi malgré soi, qui nous contrecarre, nous fait des réparties blessantes, auxquelles nous ne nous fussions jamais attendus; qui nous place dans des alternatives imprévues, malgré notre volonté et tous nos efforts d'opposition; qui nous précipite dans des abîmes; qui nous poursuit le fer à la main, sans que nous puissions fuir : un antagoniste, en un mot, complétement distinct de notre personnalité.

Ce qui distingue d'abord ces deux activités individuelles, c'est que la première, la nôtre, est, pour ainsi dire, clouée sur une croix. Si son esprit paraît être plus lucide, plus pénétrant, sa situation est moins libre qu'à l'état de veille. Elle est en nous comme internée dans une ville d'exil. Elle est comme incarcérée dans une prison sans murailles et sans barreaux, tandis que la seconde jouit d'une complète indépendance. Elle est en vous, dans le même organisme, résulte de lui, et ne dépend de vous en aucune manière.

Eh bien ! si nous jugeons sainement ces observations physiologiques, elles confirment nos raisonnements antérieurs et démontrent l'immatérialité de notre essence vitale, en même temps qu'elles signalent le point d'intersection entre l'organisme physique et l'élément actif de l'être.

Qu'est-ce donc que cet étranger qui se pose

devant vous en antagoniste ? C'est la fin de l'organisme, la dernière expression de ce que peut la matière pour simuler la vie active et lui servir d'intermédiaire avec les choses physiques ; c'est l'image gardée de la perception des sens ; cette image photographiée, pour ainsi dire, convertie en mémoire par les appareils du cerveau et tenue en réserve, comme un livre sans cesse ouvert, dans lequel viendra lire notre activité intérieure.

Nos perceptions, à mesure de leurs impressions, sont contrôlées, soit par la conscience, soit par l'esprit ; la conscience, qui n'est rien de réel et n'est qu'une intuition de sentiments perfectibles, au lieu d'être un jugement de la raison. Ce contrôle, écho moral de l'acte accompli, se fixe au cerveau en même temps que le souvenir de sa cause, y forme un album de faits et de leur appréciation passée, et c'est sans doute cette même appréciation mentale des actes, qui reparaît dans les rêves sous forme personnelle. De telle sorte que l'élément étranger, dans les songes, n'est autre que le remords ou la satisfaction, que le sentiment intérieur éprouvé à la suite de chaque impression reçue.

Mais, dira-t-on, car, loin d'éluder les objections, il faut en toute bonne foi aller au devant, qu'est-ce qui donne l'activité à ces sortes de caractères imprimés dans les labyrinthes du cerveau, en l'absence de toute intervention du moi ? Cette activité ne serait-elle pas elle-même notre propre personnalité ?

Pour notre compte, nous n'y voyons que le dernier coup de collier du jeu d'un organisme matériel et, comme nous venons de le dire, la dernière expression de la matière pour simuler la vie. De même que, dans le délire, vous parlez malgré vous; que, dans la folie, vous répétez involontairement et comme de force certains mots, des phrases dépourvues de sens, vos doigts parcourent un clavier couvert d'un mouchoir et en tirent des harmonies, pendant que votre esprit distrait erre au loin à l'aventure.

Les organes du cerveau prennent des habitudes et fonctionnent, comme une machine qui marche une fois montée. Mais, cette action cérébrale n'est qu'un acte de réminicence; qu'un tourbillonnement mécanique et confus, incohérent, sans direction, dépourvu de but et de point de départ.

Comme, en définitive, l'existence humaine est basée sur les deux règnes qui la précèdent et qu'elle les complète en les résumant; qu'il y a en elle d'abord la vie végétale, puis la vie animale, nous trouvons que, dans le délire, dans la folie, dans l'étranger des rêves, une fermentation animale se manifeste seule.

Et c'est bien là cette vie impersonnelle et diffuse telle qu'elle doit être comme résultat d'un organisme qu'un élément actif ne centralise pas. Cette individualité travestie, produit d'impressions diverses, arrivées au cerveau par des organes différents, reste dans le songe ce qu'il faut que soit un ensemble de sensations débordées, qu'aucun rivage ne dirige vers le réservoir commun.

Répétons-le, cet étranger du rêve nous donne la mesure de ce que peut, de tout ce que peut un magnifique organisme pour réaliser les apparences de la vie active par des éléments matériels. Il met en évidence les dernières limites du possible de la matière, dans cet ordre de faits, comme le polype révèle la première borne du chemin qui conduit du néant à l'existence.

Et c'est ici que la vérité des principes de la science et de son implacable logique, paraît le plus donner gain de causé à notre formule : Tout organisme exige un centralisateur actif ; or, la matière n'exerçant d'action vitale que sous forme organique, le centralisateur doit être immatériel, afin de pouvoir se passer d'organes essentiellement passifs.

Le matérialisme physiologique nie formellement l'existence de l'âme.

L'organisme du cerveau suffit, selon sa doctrine, à l'activité de la vie.

Mais, que dites-vous de ce moi du rêve, que vous ne sauriez nier, parce que le premier venu en constate la présence, et qui reste au fond des sens comme une forme lumineuse sous des flots agités ?

Cette activité permanente, intimément personnelle, complétement distincte de cette autre personnalité qui, du reste, est tantôt un animal, tantôt un abîme, une chose animée ou inerte, pouvez-vous la confondre avec les émanations du cerveau, quelles qu'elles soient? Ces émanations fantastiques et désordonnées, échos ou retentissements d'impressions produites sur des organes, peut-on les identifier avec ce qui s'en sépare fatalement par le sentiment d'un moi, contre lequel se dresse une individualité adverse ?

Qu'est-ce donc alors que ce moi, qui est bien réellement nous-même, à l'heure qu'assoupi, le corps n'existe plus, et qu'il ne reste de l'être qu'un principe en éveil, ayant conscience de soi? L'organisme est pour ainsi dire mort. Il ne sent rien : c'est une sorte d'image vivante du vide. Mais, dans ce cas, tout ce qui est matière en lui doit sommeiller? Comment se fait-il que ce soit précisément le moi qui survive; qui ne participe pas à la paralysie générale? Il n'est donc pas de même essence?

Nous expliquera-t-on d'une manière raisonnable comment il peut se faire que, lorsque toute, mais toute la personnalité organique sommeille, il y ait en nous un principe qui ne dort pas? Ce principe diffère donc du corps? N'est-il pas évident que son exception l'affirme? N'est-il pas clair que, s'il était matière, il se trouverait anéanti comme le reste de la matière corporelle dans un complet oubli de soi?

Dans ces sortes d'études physiques, il faut tenir grand compte des analogies, parce que les mêmes lois physiques doivent produire les mêmes effets matériels.

Si notre personnalité était matérielle, et par suite un organisme, remarquez bien ceci, comme tout ce qui est organique éprouve le besoin d'un sommeil réparateur, le moi, simple organe, devrait dormir aussi, surtout dans le moment même où l'ensemble de cette organisation, qui est sensée produire notre individualité par son jeu, cesse de fonctionner, et ne produit que son propre anéantissement.

Il est donc naturel de croire que l'élément vital de notre activité est immatériel, et, par suite, inorganique, puisqu'il n'obéit pas aux lois générales de la matière organisée.

Mais, ce qui gênera le plus la réfutation de nos adversaires, bien que les deux considérations qui précèdent nous paraissent des plus puissantes, c'est la double individualité des songes. Ces individualités ne peuvent être confondues, puisque l'une est vous et que l'autre est distinctement autrui.

Or, celle-ci dépend des organes, ne pouvant être produite que par eux, tandis que l'autre est vous-même. Est-il admissible qu'elles soient de nature identique? Mais, alors, pourquoi ne produisent-elles pas des résultats pareils?

Pourquoi celle-ci est-elle l'opposé de celle-là? Pourquoi n'avons-nous le sentiment de cette vie étrangère, que lorsque la vie qui nous représente est en éveil? Pourquoi nous sommes-nous invariablement le même moi, tandis que notre antagoniste est tantôt un gouffre, tantôt un assassin, un bœuf, un chien enragé, un cercueil, une vipère?

Jugeant toujours par analogie, il est naturel de croire que l'élément étranger n'est qu'un choc en retour électrique, qu'un reflet des sens puisque, d'une part, il est multiple, passif, indépendant comme eux, et diffus à l'égal de la diversité de leurs impressions ; que, de l'autre, notre activité ne maîtrisant plus ces sens dans le sommeil, l'écho de leurs sensations acquises se dégage en toute liberté. Ces deux preuves paraissent concluantes pour démontrer que la seconde personne du rêve, parfois si acharnée contre nous, naît des organes, et en rayonne, comme le roulement du tonnerre après l'éclair.

Et il est tout aussi simple de penser, par la même analogie, que tout organisme exigeant un centralisateur immatériel, le moi si bien caractérisé du rêve, et que les sens agitent dans les soubresauts de leur assoupissement, mais qui moins que jamais se confond avec eux, est une activité différente de la matière.

*
* *

Mais, remontons plus haut. Il nous a été démontré par des expériences magnétiques, que l'essence du moi agit et perçoit à des centaines de lieues ; dès lors, sans l'intermédiaire de l'organisme, et qu'elle reste encore, dans cet état, suffisamment liée avec celui-ci, pour exprimer ses lointaines visions par la parole.

C'est là le dernier terme de l'isolement d'un esprit, que la science philosophique confond à cette heure avec la matière, et qui, cependant, sans elle et en dehors d'elle, exerce les fonctions de l'être moral dans une incontestable plénitude.

Nous trouvant à l'étranger, sur un autre continent, un nouveau venu, bon magnétiseur, nous entretînt avec détail du magnétisme. Un tout jeune homme, voyageur de passage, s'offrit à lui pour expérimenter une science à laquelle il croyait peu.

Le magnétisé fut conduit en esprit dans une direction du littoral, que nous venions de parcourir, et s'arrêta à cent lieues, dans une bourgade solitaire, enfouie au fond d'un golfe inconnu.

Il nous décrivit exactement le pays; puis, s'étant introduit dans une habitation dont nous avions été l'hôte pendant quelques jours, il pénétra dans un cabinet où un enfant écrivait ses devoirs, fit le portrait du bonhomme et, sur notre demande, lut le nom du petit écolier au bas de sa page.

Nil ! s'écria le magnétisé. L'enfant s'appelait Nilès; mais, après les trois premières lettres de son nom, et pour faire l'important, il tirait un trait. Il n'y avait donc de lisible que ce mot : Nil.

Voilà ce que nous avons vu. Qu'on juge de l'étonnement d'un homme dont la préoccupation la plus tenace a toujours été l'étude des fins dernières de l'être. Depuis, nos expériences se sont multipliées. Elles ont constamment confirmé celle du premier jour.

Il résulte de ces faits, que l'esprit du magnétisé s'était séparé de son organisme d'une manière assez absolue pour se transporter à de grandes distances, et y lire un mot sans l'auxiliaire des sens. Si l'âme humaine, comme le prétendent nos physiologistes, n'est que le résultat des combinaisons du cerveau, elle est matérielle et ne doit percevoir que dans la sphère de rayonnement de cet organe. Là où le cerveau ne domine point l'horizon ; là où la vue ne peut atteindre, elle est incapable de rien saisir.

Comment se fait-il dès lors que notre magnétisé ait pu lire à cent lieues de distance ? Complètement dégagé de l'action effective des organes, son esprit opère des perceptions. Il les opère si bien sans l'intervention de l'organisme, qu'à l'état de réveil, celui-ci n'en garde aucun souvenir. Sa mémoire n'a pu en être affectée. Cet esprit n'est donc pas le cerveau lui-même ou son émanation physique. Il est donc un agent étranger ? Il y a donc en nous un élément indéfini qui peut agir en toute indépendance du corps ? Nous sommes donc un composé d'esprit et de matière ? Cet esprit peut donc se passer de matière pour être ? Il existe donc alors dans tout l'affranchissement d'une essence libre ? Il est donc la vie morale ? Cela nous suffit.

Mais, peut-on nous dire : Vous étiez en communication avec le magnétisé, qui agissait par vos organes à l'aide de vos souvenirs.

Nous répondons : Le fond du phénomène ne change pas. Que l'esprit déserte son organisme pour se transporter à cent lieues, ou qu'il l'abandonne pour pénétrer en nous et s'emparer de nos moyens d'action, le fait capital reste acquis : l'esprit s'isole de son corps et procède sans lui.

Ce qui nous porte à ajouter : Le progrès humain ne parviendra-t-il pas un jour à fixer l'émigré dans tel organisme qu'il plaira de lui assigner et de perpétuer ainsi le même être ?

Est-ce dans les desseins du Créateur ? Serait-ce contrecarrer ses vues ? Le progrès ne s'accomplit que par de tels doutes et de semblables hardiesses.

Dans tous les cas, l'objection n'est point fondée ; car nous avons consulté des magnétisés avec des cheveux de personnes que nous ne connaissions pas, et ces personnes ont été admirablement décrites. Nous n'étions dès lors pour rien dans la description.

L'esprit du magnétisé s'isole tellement de son organisme, que, bien que nous n'ayons pas eu l'occasion d'en faire l'expérience, nous serions porté à croire qu'en magnétisant un fou, on obtiendrait de lui des raisonnements sensés.

C'est là une tentative dont nous chercherons l'occasion, quoique les causes d'échec soient faciles à prévoir.

Magnétiser un mourant est encore une expérience que nous voudrions pouvoir tenter. Il y a quelque grande découverte derrière l'instant même de la séparation.

Nous sommes sobre dans le domaine des hypothèses. Elles se prêtent à de trop grands écarts en de telles matières. Aussi, énonçons-nous sans commenter. Plus tard peut-être creuserons-nous davantage ces graves questions.

Alors, nous nous élèverons encore d'un degré et nous examinerons les irradiations de l'être moral en dehors de son enveloppe, irradiations qui le mettent en contact, à des millions de lieues, avec les connus saisissables de l'espace et les inconnus perceptibles de la logique suprême.

Quand Dieu, partant du néant, organise cette splendide création que vous connaissez, que ne peut-il, en partant de l'existence, ayant pour lui l'impérieuse nécessité d'un but assigné à ses œuvres, les ressources infinies d'un pouvoir sans fin, le domaine éblouissant de tous les possibles, des engagements d'équité avec la vie, avec la justice, avec le crime, avec l'innocence, surtout avec l'innocence virile et sacrée des nobles repentirs !

Voyant ce que Dieu a déjà fait, nous ne scrutons pas ce qu'il peut faire encore. Son passé sauvegarde notre avenir. N'ayons pas le burlesque orgueil de vouloir pénétrer d'insondables profondeurs. Nous aurions pu ne jamais être et nous sommes. Soyons confiants ! Quand notre piédestal est la vie, par la volonté divine, il y a un ciel pour notre vol et non point une tombe !

Comme toute la jeunesse, à dix-sept ans nous avions déjà beaucoup ri du catéchisme, cet affreux et burlesque alphabet du premier âge de la raison humaine. Au début de la vie, exposer l'homme à bafouer en soi l'unique base des devoirs publics et privés, et tarir en lui la seule source d'où puisse jaillir la conscience, quel funeste aveuglement !

Nous étudiâmes alors les diverses philosophies. Elles ne firent qu'étendre et creuser le vide de nos doutes anxieux.

La *Profession de foi du Vicaire Savoyard* nous tomba sous la main et nous fûmes sauvé. Depuis cette époque, une foi calme et solide s'est de plus en plus fortifiée en nous. La raison avait parlé à notre bon sens.

Maintenant, nous adressant à M. de Girardin, dont la logique impitoyable jette avec audace ce défi à la société ancienne : prouvez-moi Dieu ! nous adressant à lui, nous lui disons : après la lecture des pages qui précèdent, cher ami, à quoi votre esprit croit-il le plus ? Au catholicisme et au matérialisme, qui, par les résultats, n'aboutissent qu'à la négation et au chaos anarchique de l'ordre social, ou à Dieu, à l'âme, à une autre vie, démontrés par les sciences physiques et par la science du raisonnement ? Quelle est l'impression qui vous reste ?

Si Dieu et l'âme triomphent, par le double jeu du génie humain, procédant à des investigations, et de la science, renvoyant à la face de son intrépide pionnier tout l'éclat de son foyer de lumière, le monde a un but, l'existence produite ne peut que prédire de suprêmes enfantements, il faut à la vie terrestre des reflets célestes, et tout dès lors, parmi nous, doit concourir à de grandes fins.

Il s'agit par suite de savoir comment on devra s'y prendre, pour que la société pénètre sans retard dans sa voie et sorte résolument de l'ornière.

La nation française, à cette heure, véritable chrysalide, passe de l'enfance de la vieillesse à l'âge viril d'une jeunesse nouvelle. Sa situation est grave, des plus graves. L'existence des sociétés politiques comporte les crises de ces métamorphoses. C'est la reproduction en grand de l'histoire individuelle en petit. Tout se tient et s'enchaîne en ce monde. Il n'est pas d'isolement dans cette sublime harmonie, une fois admise la pensée d'une raison d'être à ce qui est.

Qu'allons-nous devenir ? Allons-nous monter ? Allons-nous descendre ? Une goutte d'eau peut aujourd'hui faire pencher la balance vers la chute ou vers l'ascension. Mais, la loi du progrès est fatale, et, dans dix ans, dans vingt ans, ce dont ne se préoccupent pas les mandataires du pays, il faudra peut-être du sang à pleines rues pour faire perdre un pouce de terrain à l'esprit de routine.

La France se trouve, dans ce moment de crise sourdement orageux, entre les mains d'une souveraineté nationale déléguée. Comment se forment de telles délégations? Par l'intrigue. Ces délégations devraient se donner ; elles devraient aller au devant des capables ; elles devraient choisir par leur initiative propre et non se laisser prendre et surprendre. Le suffrage universel devrait livrer assaut à de vrais mérites, et ne pas se faire empaumer, comme une courtisane, par d'intrigantes médiocrités. Ne dirait-on point une fille de joie, qui veut à toute force que de vieux libertins la violent, plutôt que d'aller au devant de l'honnête homme et consentir à se faire épouser?

Aussi, qu'est-ce que nos représentations depuis nombre d'années ? On n'ose pas le dire. Mais, d'autre part, est-ce que l'éducation chez nous prépare le citoyen pour la vie publique ? Elle ne le forme même pas pour la vie privée !

L'anarchie des idées, des mesquines ambitions, des étroits intérêts personnels règne dans nos assemblées politiques, plus diffuse et plus indécente encore qu'au sein du pays.

Qu'en résulte-t-il? Que ces législateurs ne font que de la politique d'expédient et des lois de circonstance. Nos prétendus hommes d'État, improvisés d'eux-mêmes par la cabale, réflètent plus ou moins la *Belle Hélène* : ils ne savent que cascader. Ce qui caractérise les pouvoirs publics incapables, c'est la multiplicité des actes législatifs et leur désuétude à bref délai. L'insuffisance se remue beaucoup et agit peu. Elle touche à tout sans rien voir. Le soleil, sans bouger de place, éclaire le monde.

Ce que ne comprennent pas les législateurs chez nous, et de drôles de législateurs en vérité, c'est que la loi tire bien plutôt sa force de l'esprit public qui la subit, que de l'autorité qui l'édicte. De là, en France, beaucoup de présomption politique. Du haut en bas de l'échelle, chacun se croit prédestiné. Mais, quant à se livrer à l'étude de son temps, de son milieu, de ses exigences, nul n'y songe. Le candidat croit avoir tout aplani après s'être rendu un compte exact de son propre intérêt.

C'est ici le cas de le dire, pour les hautes questions, qui doivent servir de règle aux petites, l'action monarchique produit les nationalités partielles, tandis que l'action de la croyance scientifique, qui porte en elle un caractère universel, produit les nationalités humanitaires.

Que les hommes d'État partent de cette donnée fondamentale, ils jouiront de la première des libertés, celle de l'indépendance de soi, qui devient le fond des efforts tentés par ce livre, et ils se trouveront sur un point de premier ordre, dans les dispositions nécessaires pour entrer en rapport avec les intérêts généraux. Il ne leur manquera plus que de connaître, par une étude approfondie, l'intérêt moral et l'intérêt matériel de leur époque, avec tout ce qui est du ressort pratique de ces graves questions.

Mais, à cette heure, le Français est tellement le vaincu de lui-même, c'est-à-dire de ses faiblesses, qu'il est tout simple de trouver en lui le battu de ses gouvernements, de ses révolutions, de la mécanique prussienne. Son caractère n'est qu'une guenille à charpie.

*
* *

Ces préliminaires établis, formulons par un rapide exposé ce que nous avons entendu, dès les premières lignes de cette œuvre, en disant que M. de Girardin change les rapports entre le gouvernement et les choses gouvernées, rétablit par là toutes situations en leur état normal et prévient les crises qui tendent périodiquement à les y ramener d'une manière violente.

Étant admise une croyance forte et le citoyen redressé par elle à toute sa hauteur, rien n'est complet, rien n'est logique et vulgairement pratique comme l'ordre d'idées de notre illustre publiciste.

Et d'abord, avec le droit acquis de penser, le droit absolu de dire, qui implique le droit de tout faire.

Il n'y a pas là du jésuitisme ; c'est la conscience toute nue et en action ; c'est la confession publique de chacun. Ce point de départ paraît être plus que téméraire, tandis qu'il est de la plus évidente simplicité. Est-ce qu'aujourd'hui l'on ne fait pas tout, à la condition d'échapper à la loi ? Et qui est-ce qui, assez faible, assez abandonné de la croyance, voulant commettre une faute, n'espère éluder la loi pénale ? Ce n'est donc pas la pénalité qui retient, c'est la faute elle-même. Si celle-ci ne suffit pas à suspendre l'acte, rien n'est suffisant.

Perfectionnez dès lors, par l'enseignement, l'instrument d'appréciation des écarts privés et le droit de tout faire, avec réserve du droit des tiers, n'entraînera pas plus de délits et de crimes que le mode actuellement en vigueur. Ce mode ne produit qu'un seul résultat : il perfectionne la préméditation, voilà tout. Le progrès aidant, vous aurez de plus en plus des crimes et des criminels consommés.

Nous croyons avoir déjà établi que votre régime pénal ne frappe que le menu fretin des fautes commises et laisse en paix, ne pouvant les atteindre, les vrais délits, les vrais coupables, la grande criminalité.

Vous évitez par suite d'ouvrir des écoles de perdition, en supprimant l'emprisonnement. L'opinion publique se chargera elle-même de ses représailles, comme elle le fait à cette heure pour les libérés de tant d'écarts impunis, et s'en acquittera mieux et avec plus de succès que vos chiourmes, et qu'un parquet ravi d'aise sous la moindre perspective de poursuites à exercer.

Avec les trois libertés qui précèdent, une responsabilité sans réserve : responsabilité en haut comme en bas. Si l'individu est inviolable, la société ne doit pas l'être moins. Que l'ordre public soit troublé, on l'attaque, il se défend ; à la force il oppose la force et mitraille sans merci.

En France l'on s'appitoie beaucoup sur le sort des émeutiers et sur les innocents qui tombent avec eux. Est-ce que les soldats ne sont pas Français ? Est-ce qu'ils provoquent la lutte ? Est-ce qu'ils vont se battre de gaîté de cœur ? Est-ce qu'ils ne représentent pas la loi commune. Liberté absolue, mais absolue responsabilité. L'ordre social attaqué doit se défendre. Il doit le faire sans faiblesse et avec la spontanéïté de la foudre. Mais, il va sans dire que nous n'excluons pas plus les attaques d'en haut que les attaques d'en bas, et, d'autant moins, que celles des sphères officielles sont à l'état d'initiative permanente et provoquent presque toujours celles des sphères inférieures. Or, en France, indulgence extrême du Pouvoir pour les abus de ses agents, comme si ces abus n'étaient pas aussi dangereux pour lui que ceux de l'insurrection.

Maintenant, l'on doit partir de cette vérité que 'initiative individuelle est la source et l'unique origine de la richesse publique.

Ce que cette initiative individuelle fait si bien et avec tant d'habileté, par elle-même, on emploie deux cent mille employés à le contrecarrer. De telle sorte que gouvernement équivaut à empêchement.

M. de Girardin part de cette double donnée et supprime cette existence artificielle qu'on nomme gouvernement, un accessoire s'érigeant en principal et qui n'est au fond qu'un obstacle fort coûteux, coûteux par l'argent qu'il gagne, par celui qu'il fait dépenser en pure perte, et surtout par celui qu'il empêche de gagner.

Notre organisateur généralise dès lors les errements de la vie civile usuelle, qui sont éprouvés, dont les résultats ne sont point douteux, et fortifie l'initiative privée, sa grande base, de l'initiative de tous.

L'État ne se compose plus par suite, comme à cette heure, d'un gouvernement étranger au pays, quant à l'action réelle, et d'un pays étranger à son gouvernement, le principe d'autorité absorbant la nation. L'État devient une vaste société anonyme, sous forme de compagnie d'assurance mutuelle, avec des actionnaires engagés jusqu'à concurrence du montant de leur action, un directeur en tête, surveillé par un conseil d'administration.

Quels sont les rapports des compagnies d'assurance avec leurs assurés ? Il n'existe d'autres rapports que ceux relatifs aux risques courus ou subis. En dehors d'eux, l'assuré reste complètement indépendant de la compagnie, qui ne s'immisce en aucune manière dans la gestion de ses intérêts. L'initiative privée est et demeure absolument libre. Quant à la compagnie d'assurance, elle n'est qu'un moyen de sécurité et ne joue pas un rôle plus important, d'après l'esprit public, que le paratonnerre placé sur vos demeures. Ainsi doit être un gouvernement. Il est un moyen, un ustensile de la société, il n'est pas cette société. La société agricole, industrielle et commerciale, en un mot, la société civile, voilà le grand fait, l'indépendance capitale, la suprême initiative.

Pourquoi ce qui est l'ordre et la prospérité en petit, ne serait-il pas la prospérité et l'ordre en grand ? Pourquoi ce qui fait la richesse et la puissance des intérêts privés, ne ferait-il pas la puissance et la richesse des intérêts publics ? Quelle différence y a-t-il, sauf le nombre, entre une compagnie de chemin de fer, entre une société de secours mutuels contre l'incendie et le pays tout entier ? Il n'y a que la différence du plus au moins. Le principe reste le même. Ce principe est éprouvé en bien, tandis que le principe des gouvernements est éprouvé en mal.

Et comme les rapports de gouvernement à matière gouvernable changent aussitôt ! Moyennant un impôt unique ou prime d'assurance, il n'y a plus dans l'État que des assurés ; tous les risques sont garantis. L'initiative personnelle prend son complet relief ; tout ce qui est individuel, est sans partage de son ressort ; ce qui est le divisible par groupes, comme les intérêts communaux, appartient à l'administration communale ; ce qui est indivisible par essence, comme les postes, les télégraphes, les grandes voies nationales, la justice, l'armée, entre nécessairement dans les attributions du pouvoir central.

Ce pouvoir n'intervient que par les services généraux, et ne se met en rapport avec les intérêts privés que pour recevoir la prime et la répartir.

De là, trois ministères : celui de la recette, celui de la dépense, celui du contrôle. Doit, avoir, balance : la vie usuelle du commerce, de l'industrie, de tout ce qui produit, de tout ce qui consomme. Il n'y a rien là d'artificiel, tout est réel. Si cet ordre de choses fonctionnait, l'on trouverait de la plus bouffonne drôlerie l'invention des gouvernements dont nous sommes dotés, tandis que c'est le contraire qui a lieu et M. de Girardin est traité d'utopiste, de songe creux, alors qu'il propose pour l'État ce qui journellement et pratiquement réalise l'opulence de la vie civile.

La question des impôts est une vraie plaie sociale, tant sous le rapport de leur assiette, que sous le rapport de leur perception. L'oisiveté, les riches, sont ceux qui payent le moins; le travail, les producteurs, sont ceux qui payent le plus. La multiplicité des taxes est incalculable. A chaque pas, sous toutes formes, les intérêts publics se heurtent à leurs investigations et à leurs obstacles. Le développement de la production, comme il devrait être, n'est plus un fleuve puissant qui coule en paix à pleine rive. Le régime actuel des impôts, morcelé et fureteur, en a fait un torrent haché, brisé, de mètre en mètre, par les mille roches qui encombrent son cours. On dirait que les gouvernements se sont fait un stupide plaisir d'empêtrer ce qui, sans la moindre entrave, doit le plus prendre un vaste et irrésistible essor.

La vie réelle de l'ordre social, c'est l'élan du travail; c'est la production et son épargne. Travailler sans épargner, c'est uniquement s'user et abuser. Il n'est qu'un seul air respirable pour cette noble vie : la liberté ! Nos gouvernements traditionnels ne connaissent qu'un seul mode d'action : museler !

M. de Girardin, le grand libéral par la logique, si ce n'est par l'adhésion de la démocratie, qui est fort aristocratique et jalouse, écarte les utopies, tout esprit d'aventure, et prend à ses côtés, sous sa main, la plus grande institution moderne, un éclat pratique, la quintessence du communisme : la société d'assurance mutuelle. Est-ce que celle-ci, qui ne prélève qu'un impôt unique, est embarrassée, soit pour l'établir, soit pour le percevoir ? L'État le serait-il plus qu'elle? Ce qu'elle fait, pourquoi ne le ferait-il pas ? Rien de plus simple, rien de plus clair, rien de plus usuel.

Mais, le propre du système de M. de Girardin est de supprimer un grand mot vide de sens, il supprime la politique et la remplace par la seule économie sociale, ce qui n'entre pas dans les calculs des oisifs et de la médiocrité, parasites trop incapables pour faire autre chose que des hommes d'État.

D'après les idées de M. de Girardin, et au point de vue de la liberté individuelle et de son initiative, le pouvoir central n'est qu'un intermédiaire entre des assureurs et des assurés. Il est une administration simplement, ou plutôt une caisse : il n'est pas un corps politique. Ce mot ambitieux ne produit rien d'utile et n'enfante que des dangers. Il fractionne et ne groupe pas; il dilapide et n'a jamais produit un sou. C'est un incurable cancer.

*
* *

Depuis vingt ans surtout la lutte s'est établie avec acharnement entre la politique et le socialisme. Ces deux mots sont aussi creux et aussi périlleux l'un que l'autre. Ils ne sont pas des solutions. Il ne sont qu'un indice d'inquiétude et de malaise : ils sont le point de départ d'explorations faciles à comprendre, et qu'exigent d'immenses intérêts comprimés, cherchant une fuite pour éclore. Il est urgent de leur porter remède, sauf à provoquer les représailles de la force brutale, ce ruineux expédient des désespérés.

Par quoi remplacer ces mots et leurs périls? Par quoi résoudre le problème que se pose le prolétariat depuis des siècles, et que la société a tout autant que lui intérêt à dénouer ?

Par la liberté ! cette grande et noble idée fixe de notre éminent ami. Mais, par la liberté, par une liberté absolue comme il l'entend, non comme l'entendent les classes turbulentes : la liberté instruite, circonspecte dès lors et judicieuse, sérieusement responsable, faisant mépris de ce qu'on nomme politique ou agitation dans le vide, pour user d'elle sans mesure au profit de la production, de l'épargne et finalement du bien être privé, qui est le but, le but unique de tout ordre social.

La liberté cesse d'être la liberté si, cessant d'être le mouvement fécond, elle n'est qu'une agitation stérile. M. de Girardin est un homme trop profond et en même temps trop pratique, pour ne vouloir déchaîner que des ouragans. Il sait que la liberté a son revers, comme toute médaille, parce qu'il n'ignore pas que vos régimes de compression comportent, eux aussi, le leur et tout aussi funeste que le premier.

Le despotisme a ses excès : ils conduisent au triomphe de quelques-uns, au mécontentement de tous ; ils tournent l'action des masses contre la société. Les excès de la liberté sont un mal inévitable ; mais la pratique en enseigne l'usage, et, dans tous les cas, ils ont pour but et pour résultat une juste satisfaction donnée aux intérêts du plus grand nombre. Un homme affamé mange beaucoup, trop même les premiers jours. La satiété ne tarde pas à le rendre sobre. Les classes aisées sont naturellement réactionnaires : elles seraient anarchiques dans l'indigence. L'homme n'est point perturbateur de sa nature ; il est conservateur, à la condition toutefois d'avoir quelque chose à conserver. C'est donc la position et non le citoyen qui règle les caractères et l'esprit de leurs actes. Il faut par suite mettre chacun à même de surélever au plus tôt sa situation matérielle.

Eh bien ! le remède contre le socialisme ou le communisme, ce qui signifie se donner ce qu'on n'a pas, ce remède est dans la liberté et il ne gît qu'en elle. La liberté est la voie pratique de toutes les théories socialistes. Elle seule, avec son initiative individuelle, irrésistible et si ingénieuse, avec sa responsabilité et la solidarité qui en découle, peut ce qu'aucun pouvoir politique ne pourra jamais. Comme nous l'avons déjà dit : à l'humanité les œuvres humaines.

Mais, ajoutons, car il faut instruire et non flatter : la liberté n'est une puissance que dans la sphère du travail ; que dans la sphère de tous les travaux qui produisent. Là surtout elle doit être absolue sous toutes formes, avec les droits de réunion, de coalition, d'association, de grève, de chômage, de convention. Est-ce qu'en foire acheteurs et vendeurs sont réglementés? Est-ce qu'ils ne débattent pas leurs prix comme ils l'entendent. Les variations atmosphériques sont parfaitement libres. Le vent, la chose la plus mobile du monde, les régit, ce qui n'empêche pas une moyenne de s'établir et les produits de la terre de prospérer par elle. Ainsi de la liberté. L'ordre par les entraves, c'est toujours un désordre. C'est un privilége et l'exclusion des intérêts généraux.

Le dénouement de tous les problèmes sociaux vient sans cesse aboutir à ce terme : production par tous ; dès lors, possibilité pour tous de consommation.

Voilà le vrai fait, le but final. Vos grands mots de politique, de socialisme, de communisme et toutes les vessies pareilles, n'ont pas d'autres visées.

Cependant, il faut dire que ces mots grosse-caisse épouvantent les gens effrayés, servent de masque à beaucoup d'intrigants, préparent d'amères duperies, laissent tout supposer, ne résolvent rien, détournent les travailleurs des préoccupations utiles et fructueuses, deviennent le noyau de conspirations occultes destinées à la mitraille, et font toujours pressentir des crises révolutionnaires, pressentiments qui constituent la révolution en permanence, cette sorte de chômage universel ou de grève du crédit public. Par suite, inactivité du travail, langueur de la production, impossibilité de l'épargne, la misère, baisse du niveau de la richesse nationale, développement du prolétariat, quand tout devrait tendre à sa suppression.

Est-ce la liberté qui enfante ces périlleuses utopies ? Non. Elles ne sont engendrées que par la compression des divers pouvoirs. Que chacun soit libre de construire son nid à sa guise et l'on ne conspirera point pour conquérir un droit acquis.

C'est donc par la liberté individuelle, et par elle seulement, que s'effacent et le socialisme et la politique, et les frais énormes que coûtent les gouvernements et les entraves qu'ils apportent à l'essor de tous les intérêts.

Voilà pourquoi M. de Girardin a cherché et trouvé son système, qui est à la fois politique et social, parce qu'il supprime l'un et résout les difficultés de l'autre. Voilà pourquoi aussi nous écrivons un livre qui puisse concourir à porter l'individualisme au plus haut degré de sa puissance, par la liberté que proclame absolue notre digne ami, mais qui ne saurait être souveraine que dans une complète indépendance de soi !

L'État se dégageant de tous les intérêts privés, de tous les intérêts communaux et réduit aux seuls intérêts ayant un caractère général, n'a plus à intervenir dans la sphère des intérêts de localité, ce qui rend la représentation locale inutile. Le régime de M. de Girardin sur les élections se manifeste dès lors dans sa rigoureuse justesse.

Pour représenter des intérêts réellement géné raux et la dignité de la France y gagne, il faut les sommités du pays, ce qui débarrasse nos assemblées nationales de toutes ces petites nullités champêtres, qui remplacent le vrai mérite, l'expérience approfondie des hommes et des choses, l'habitude des hautes questions publiques, par la suffisance creuse de la médiocrité. Une réunion des notables de la France, des gloires françaises, voilà ce qui doit représenter une nation comme la nôtre. Le député rural peut être très-vertueux ; mais il est ou trop naïf, dans son enflure, ou trop roué.

La France aspire à l'avenir, non point au passé, qu'on ne recommence jamais. Voilà pourquoi elle tient instinctivement à la souveraineté nationale, qui produit le gouvernement du pays par le pays, et qu'elle repousse la souveraineté de droit divin, qui en est la négation, que ce droit divin s'accroche à la monarchie ou à la république.

En face de la souveraineté nationale, que manifeste le suffrage universel, il n'existe aucun droit antérieur et supérieur, comme le prétendent les républicains et les légitimistes, ou la souveraineté nationale et le libre arbitre humain ne sont que des idées chimériques, que des principes relatifs et de convention, et nous ne reconnaissons plus alors d'autre base sociale que le fait accompli.

Supprimez la souveraineté nationale. Pourquoi la république de droit divin serait-elle supérieure au droit divin de la monarchie ?

Par ce procédé, chaque parti, chaque groupe, chaque individu ; tout intérêt, toute passion, toute fantaisie arrivera avec son droit divin antérieur et supérieur, qui prétendra tout exclure et tout asservir. En pratique politique, comme dans la création entière, il ne doit y avoir que du voulu, non du fatal, non de l'imposé à quelque titre que ce soit.

La couleur étant mauvaise, le jésuite a déteint sur nos mœurs, et nous divinisons nos moindres faiblesses avec chacun de nos intérêts. La liberté de l'action humaine, la souveraineté du principe vivant, tel est le vrai droit divin, malgré ses défaillances ; car lui seul est le progrès ! et rien, mais absolument rien, pas même vos prétendus principes antérieurs et supérieurs, ne peut se poser devant lui en barrière infranchissable !

Osez donc nous contredire, sans nier du même coup le présent et l'avenir, la vie matérielle et la vie morale, l'humanité et tous les inconnus de sa marche ascendante ?

Mais, dit-on, le suffrage universel, qui manifeste la souveraineté nationale, est d'une crasse ignorance et ne sait ni ce qu'il fait, ni ce qu'il veut. Il y a lieu par suite de le rectifier et d'établir des distinctions entre les villes et les campagnes.

Le suffrage universel, tel qu'il existe, est le vrai principe. Si vous y touchez, vous le dénaturez, et, quand pourrez-vous y revenir ? Il est toujours dangereux de modifier une bonne institution, quel qu'en soit le résultat. Si vous vouliez reprendre, il ne fallait pas donner. Que le citoyen s'élève, c'est son devoir : l'institution ne doit pas descendre.

Exercez le plus souvent possible le suffrage universel : il se formera. Il en est de lui comme du meilleur cheval, qu'on n'attelle qu'une fois l'an. Il n'est pas en haleine, perd l'éducation de son dressage, devient vicieux, l'oubli du bien lui fait pratiquer le mal, et un beau jour vous rompt le cou avec les meilleures intentions du monde.

Dès 1848 M. de Girardin demandait l'élection annuelle de la représentation nationale, et il avait profondément raison. De plus, il ne voulait qu'une liste pour la France entière avec un seul collége électoral. Depuis, il a admis la durée du mandat pendant cinq ans, avec renouvellement de l'Assemblée par cinquième d'année en année, ce qui assure la permanence de la souveraineté, et lui permet de conserver le lien de la tradition, en même temps que le bénéfice d'une expérience acquise.

Rien de plus rationnel et de plus pratique que l'ensemble de ces données. Un seul bulletin de liste et un seul collége pour la France, c'est le triomphe des notoriétés, des grandes réputations, des preuves faites. C'est l'exclusion des médiocrités, des intrigants, des apprentis à tous les étages. Vous faites la conquête d'hommes et ne vous laissez plus prendre d'assaut par des enfants.

Tant que la souveraineté nationale s'abdiquera par des délégations de six ou sept ans, et que les députés auront six ou sept ans d'existence certaine, en dehors de toute responsabilité et de tout contrôle effectif ; tant que les élections à l'Assemblée ne seront pas annuelles, avec des représentants responsables, ces représentants, au lendemain du scrutin, considéreront leur mandat comme une propriété privée et l'exploiteront à leur profit. A quoi bon se souvenir qu'il existe une souveraineté publique et qu'ils ne peuvent être que sa délégation? La nation n'est souveraine qu'un seul jour tous les six ou sept ans. Cette souveraineté est trop ridicule, dans son inexplicable effacement, pour qu'on la prenne au sérieux. La souveraineté réelle, de toutes les heures, durant des siècles, en comparaison de la rapidité des événements, c'est le député, c'est l'intérêt personnel, c'est la négation de l'existence publique. L'effet se substitue à la cause. La vérité est travestie en un pitoyable mensonge et le mensonge devient magistralement la vérité.

Aussi, dès le jour de l'obtention de son mandat, le député ne trouve-t-il plus aucun sens aux mots : nation et délégation. Il est tout, tout le reste n'est rien. Il est tout par sa personne, non par autrui. Ce qui doit prédominer, c'est son individualisme, non une collectivité nationale déjà morte par suite de son abdication presque indéfini. Ne dirait-on pas un droit divin d'une autre espèce ?

Les élections annuelles mettent un terme à ce scandale politique, et nous voyons ainsi finir cette débauche des passions privées, dont le succès, aux yeux des acteurs, devient un suffisant triomphe pour l'intérêt général.

Ce qu'on redoute, dans les élections annuelles, ce sont des périodes d'agitation à trop bref délai. Nous affirmons, nous, que des élections tous les six ou sept ans, en dehors d'habitudes qu'on nous empêche de prendre ; au milieu de passions et de surexcitations accumulées pendant de longues années, sont au contraire de véritables époques de crise, qu'une longue attente passée, qu'une longue attente avenir constitue en révolutions véritables.

Que le suffrage universel aille au scrutin tous les ans, et il procédera à un acte aussi simple, comme à celui de se lever et de se coucher, de déjeuner et de dîner tous les jours.

Non, il ne faut pas que l'ombre devienne la lumière et que l'effet absorbe la cause. Nous n'aimons pas en politique les anarchies légales. C'est du mandat national érigé en majorat, entre les mains de mesquines personnalités, que découlent toutes les duperies, toutes les hontes de notre malheureuse et noble nation.

*
* *

Si nous nous sommes bien expliqué, l'on connaît maintenant les lignes principales du gigantesque édifice qu'élève M. de Girardin pour la société nouvelle. Peut-être aura-t-on trouvé parfois notre langage empreint d'une certaine amertume. S'il en est ainsi, nous le regrettons. Le spectacle de l'esprit public est aujourd'hui navrant; mais il attriste plus qu'il n'irrite les hommes sérieux. Toutefois, n'est-il pas plus naturel de se plaindre, quand on souffre, que de rester serein dans la peine ?

Du reste, nous croyons n'être point sorti de la sphère rationnelle et légitime, que les publicistes jaloux de leurs devoirs autant que de leurs droits, ne devraient jamais déserter. A la presse les questions d'intérêt commun. Les personnalités l'amoindrissent plus qu'elles ne nuisent aux détractés. Ce qu'elle gagne en argent, par cet. abus, si voisin de la spéculation, elle le perd en considération. La presse ne possède cependant pas d'autre capital que celui de l'estime publique. Pas d'estime sans dignité.

Le sentiment le plus pénible que puisse éprouver un travailleur économe et opiniâtre, ouvrier, industriel, commerçant, consiste à clore sa vie de rudes labeurs par l'indigence, et à ne découvrir pour sa vieillesse d'autre port que la pauvreté. L'heure du recueillement moral et du repos physique devient alors celle des irrémédiables angoisses.

Mais, de quelle sorte doit donc être l'étonnement du penseur exceptionnel, qui, après quarante années d'un travail sans trêve, ni de jour ni de nuit, arrive à cet âge où l'on aime à jouir d'une œuvre par soi faite dans le progrès de son époque, et qui, en dernière analyse, se reconnaît méconnu ? Plus profonde a été sa conviction sur la valeur de ce qu'il a produit, plus problématique doit lui paraître l'indifférence de l'opinion. Un homme supérieur répond-il à ce mécompte des grandes destinées futures par un sentiment triste ou amer ? Il y répond par une inaltérable confiance dans la vérité ! A chaque jour sa déception ; mais aussi sa conquête. Vous pouvez, cher ami, mourir demain, après-demain plus que jamais vous serez vivant, et si, dans un siècle, la France, cette noble dupe, prospère par vos conceptions, vous aurez alors conquis, sans la demander, cette gloire que tant d'ambitieux sollicitent à plat ventre sans l'obtenir.

L'homme n'est guère ici-bas que pour faire le bien ou être frappé du mal. Vous avez prodigué l'un ;

on ne vous a pas épargné l'autre : votre conscience doit être en paix. A Dieu et à la société à venir le soin de votre revanche.

Être méconnu de son temps, est le propre des hommes et des principes appelés à vivre en d'autres siècles. Ce qui marche avec le plus de lenteur, dans les choses si mobiles de ce monde, c'est le progrès ; car l'histoire est la répétition incessante des mêmes faiblesses et des mêmes leçons sans enseignement !

Un seul mot pour finir : l'on ne relèvera la France ni par des formes politiques, ni par l'armée, ni par la loi. La vie morale est éteinte en elle. Donnons-lui Dieu, elle sera régénérée !

Le génie humain, la science, la liberté, Dieu, une autre vie, tels sont les principes rationnels dans leur enchaînement logique. Tout est là !

FIN.

Poitiers. — Imp. Boileau et Raimond, succrs de Bernard.

www.ingramcontent.com/pod-product-compliance
Ingram Content Group UK Ltd.
Pitfield, Milton Keynes, MK11 3LW, UK
UKHW021904260726
13966UKWH00006B/504

9 782012 968950